BuddhAll

BuddhAll.

All is Buddha.

BuddhAll

本書作者恭繪穢積金剛

《大威力烏樞瑟摩明王經》載：金剛手菩薩化現出穢積金剛

《祕藏記》載：金剛夜叉與穢積金剛同體

《大威力烏樞瑟摩明王經》載：普賢菩薩化現出穢積金剛

《攝無礙經》載：不空成就佛化現出穢積金剛

《穢跡金剛靈要門》載：釋迦牟尼佛化現出穢積金剛

大悲深淨的穢積金剛

佛陀臨入涅槃，由左脇化現出穢積金剛

密乘寶海 13

穢積金剛

滅除一切不淨障礙

洪啓嵩 著

穢積金剛的行法對於生產平安、驅除疾病、毒蛇、治瘡、治兒夜啼、增益聰明智慧、富貴等，有極大的助益，尤其能圓滿安產解穢的祈願，轉一切不淨為清淨。

出版緣起

密法是實踐究竟實相，圓滿無上菩提，讓修行者疾證佛果的法門。

密法從諸佛自心本具的法界體性中流出，出現了莊嚴祕密的本誓妙法，以清淨的現觀，展現出無盡圓妙的法界眾相。

因此，密法的修持是從法界萬象中，體悟其絕對的象徵內義，並從這些外相的表徵、標幟中，現起如同法界實相的現觀。再依據如實的現觀清淨自心，了悟自心即是如來的祕密莊嚴。

從自心清淨莊嚴中，祕密受用諸佛三密加持，如實體悟自身的身、語、意與諸佛不二。依此不二的密意實相，自心圓具法界體性，而疾證佛果，現起諸佛的廣大妙用。

「若人求佛慧，通達菩提心；

父母所生身，速證大覺位。」

這是《金剛頂瑜伽中發阿耨多羅三藐三菩提心論》中所說的話，也是真言密教行者，修證所依止的根本方向。我們由這首偈頌，當能體會密教法中〈即身成佛〉的妙諦。由此也可了知，密法一切修證成就的核心，即是無上菩提心。

密法觀照法界的體性與緣起的實相，並將法界的實相，與自己的身心眾相，完全融攝為一，並落實於現前的生活當中。這種微妙的生活瑜伽，讓我們的生活與修證不相遠離，能以父母所生的現前身心，速證無上大覺的佛果。

一切佛法的核心，都是在彰顯法界的實相，而密法更以諸佛如來果位修證的實相，直接加持眾生的身、口、意，使眾生現證身、口、意三密成就，而直趨如來的果位，實在是不可思議的密意方便。而這也是諸佛菩薩等無數本尊，為眾生所開啟的大悲迅疾法門。

「密乘寶海系列」總攝密法中諸多重要法門，包含了密法中根本的修法、諸尊行法，以及成就佛身的中脈、拙火、氣脈明點及各種修行次第的修法。

其中的修法皆總攝為偈頌法本，再詳加解說教授。希望有緣者能依此深入密法大海，證得圓滿的悉地成就！

穢積金剛──序

在中國不只是密教十分尊崇穢積金剛，在禪宗乃至佛教界，穢積金剛都受到極大的尊崇。

穢積金剛（梵Ucchuṣma）又稱為烏沙摩明王、烏芻沙摩明王，也稱為穢跡金剛、火頭金剛、不淨金剛、不壞金剛、受觸金剛、除穢忿怒尊等。

穢積金剛以極為威猛忿怒的身形示現，在密教中被視為北方羯磨部所化現的教令輪身、忿怒身，圓滿諸佛的廣大事業。

在本地的因緣中，此尊在諸經論中，被視為釋迦牟尼佛、不空成就佛、不動明王、普賢菩薩乃至金剛手菩薩的示現，有各種不同的說法傳承。因此有人認為此尊是與五大明王中的金剛夜叉明王（也是不空成就佛的教令輪身）同體。

依據《慧琳音義》卷三十六中的記載，認為此尊的正名應為除忿怒尊，譯為不淨金剛，或名為穢積金剛，都是不正確的。

因為梵名烏芻澀摩（Ucchuṣma）的義譯是焚燒穢惡之義。此尊以深淨大悲，不避穢觸，救護眾生，以大威光明猶如猛火燒除煩惱妄見、分別垢淨生滅之心故名。

由此可知穢積金剛具有轉不淨穢惡為清淨的妙德，以甚深情淨的法界體性，具足大悲威光，運用大慈大力，以熾盛法界淨火燒除眾生的生死眾業。猶如法界中無畏無怨的清道夫一樣，讓法界常清淨，眾生遠離煩惱清淨修證，直至圓滿成佛。是諸佛清淨事業的大守護者。

穢積金剛能噉食法界的一切不淨，是佛陀自性大悲中，遠離一切染淨對待的深淨中，法爾流出的金剛大明王；是濁惡世界中，眾生的廣大依怙，更是垢淨不二、煩惱即菩提的現前實踐者，在我們身處的五濁惡世當中，是最親切、最有力的怙主。

是在最惡劣的情境與心緒當中，直接轉證成無上清淨菩提的守護者，任何修行人，怎麼能夠忘懷他的恩德與祈請他的密護呢？感受從無邊的黑暗當中，直轉為黎明的曙光，那一份喜樂，正是體悟穢積金剛行法，及安受其守護，所感受的一瞬。

在人間從外在地球環境生態的破壞、各類有毒物質的產生、核子輻射、難以處理的垃圾、臭氧層的破洞、空氣與水的毒化、含有各種毒物及過當荷爾蒙的食物……等，林林總總的法界垃圾，不斷相應著內在心靈的貪、瞋、癡、慢、疑及不斷創新的妄想心念，創發出難以思議的新奇穢惡，大眾的身心以承擔這些污染，這時穢積金剛的廣大力量，正是這個時代的重要依怙，在法界闇夜中，永遠無悔無倦的守護眾生。

願穢積金剛的威力，能轉不淨為清淨，讓這些法界垃圾，成為法界的深淨能量，轉動眾生成為佛陀，染污的世間，成為清淨的淨土。

清淨與染污的本質並無不同，只是在一念的轉換，這一念可以是穢積金剛的一念及行法實踐。這一念是法界成為全佛的法界、眾生成為法界的全佛。

南無　深淨大悲穢積金剛

目錄

第一篇

穢積金剛

第一章　穢積金剛的緣起

穢積金剛又名為烏樞瑟摩明王（梵Ucchuṣma），其音譯為烏芻澀摩、烏芻沙摩、烏樞沙摩等。

在《底哩三昧耶經》中，其名之一為受觸金剛，即不淨金剛，於《陀羅尼集經》第九卷則稱其為不淨潔金剛；在《攝無礙經》中稱之為穢積金剛；《瞿醯經》、《蘇婆呼經》等，稱之為不淨忿怒或穢跡金剛、不壞金剛、火頭金剛等名稱。

「穢積」、「不淨」等名義，是除去一切污穢成清淨所以得此名。而火頭金剛的名稱由來是於《楞嚴經》卷五中所記載：烏芻瑟摩於如來前，合掌頂禮佛之雙足，而白佛言：「我常先憶久遠劫前，性多貪欲，有佛出世，名曰空王，說多淫人成猛火聚，教我遍觀百骸四肢，諸冷暖氣神光內凝，化多淫心成智慧火，從是諸佛皆呼召我名為火頭。我以火光三昧力故，成阿羅漢，心發大願，諸佛成道，我為力士，親伏魔怨，佛問圓通，我以諦觀，身心暖觸，無礙流通，諸漏既銷，生大寶焰，登無上覺，斯為第一。」此義是以智火燒除不淨，成就菩提，所以名為火頭金剛。

據《慧琳音義》卷三十六所載，此尊具深淨大悲，不避穢觸，為了救護眾生，以如猛火般的大威光，燒除眾生的煩惱妄見、分別垢淨生滅之心；故得名為除穢忿怒尊。

又有梵名為摩賀麼羅（Mahābala），唐譯為大力，大力是指大慈力猶如以熾火燒除去穢惡的生死業，所以名之為大力。但於《阿吒薄俱儀軌》中，除了名之為火頭金剛外，又名為烏樞沙摩等說法。

除穢忿怒尊——
穢積金剛

現起因緣

關於此尊的本地，諸經論有釋迦牟尼佛、不空成就佛、不動明王、普賢菩薩、金剛手菩薩等不同傳承的蠡說法，或有說法是其與五大明王之一的金剛夜叉明王（亦為不空成就佛的教令輪身）同體。

穢積金剛現起的因緣，於《穢跡金剛說神通大滿陀羅尼法術靈要門》中記載：

如是我聞，一時佛在拘尸那國力士生處，跋提河邊娑羅雙樹間。爾時，如來臨入涅槃。

是時，有無量百千萬眾、天龍八部、人、非人等啼泣向佛，四面哽咽悲惱而住。

爾時，復有諸天大眾釋提桓因等皆來供養；唯有蠡髻梵王，將諸天女依於四面圍繞而坐，前後天女千萬億眾共相娛樂，聞如來入般涅槃而不來覲省。

時，諸大眾為言：「今日如來臨般涅槃，是彼梵王何不來耶，其王必有我慢之心，而不來至此；我等徒眾驅使小咒仙往彼令取。」

作是語已，策百千眾咒仙到於彼處，乃見種種不淨而為城塹，其仙見已，各犯咒而死。

時，諸大眾怪未曾有，復策無量金剛，亦令持咒而去，乃至七日無人取得，大眾見是事倍復悲哀。爾時，大眾同聲而說偈言：「

苦哉大聖尊，入真何太速，

諸天猶決定，天人追喚得，

痛哉天中天，入真如火滅。」

時，諸大眾說此偈已，倍復哽咽悲啼嗥哭。是時，如來愍諸大眾，即以大遍知神力，隨左心化出不壞金剛，即於眾中從座而起，白大眾言：「我有大神咒，能取彼梵王。」作是語已，即於大眾之中顯大神通，變此三千大千世界六返震動，天宮、龍宮、諸鬼神宮皆悉崩摧。即自騰身至梵王所，以指指之，其彼醜穢物變為大地。

爾時金剛至彼報言：「汝大愚癡，我如來欲入涅槃，汝何不去。」即以金剛不壞之力，微以指之，梵王發心至如來所。

爾時，大眾讚言：「大力士！汝能有是神力，取彼梵王來至於此。」

以上這段經文，是記載由釋尊所化現的穢積金剛。

當時佛陀臨入涅槃時，諸大眾、諸天等皆來供養佛陀，卻悲惱於螺髻梵王仍然耽於欲樂，未前來供養佛陀。諸大眾驅使咒仙前往，希望引領他前來供養佛陀；咒仙們前去看見城塹佈滿不淨之物，皆犯咒而亡；又驅策無量金剛持咒而去，亦無法將之帶回，由是釋迦牟尼佛便以如來神力，化現出不壞金剛。

據《攝無礙經》中記載，穢積金剛則是不空成就佛所化現；另外又有與

經典記載穢積金剛現起的因緣

《穢跡金剛靈要門》記載釋迦牟尼佛化現出穢積金剛的因緣

《攝無礙經》載：不空成就佛化現穢積金剛

經典記載穢積金剛現起的因緣

《祕藏經》記載：金剛夜叉與穢積金剛同體

《底哩三昧耶經》載：穢積金剛是不動明王所化現

經典記載穢積金剛現起的因緣

《大威怒烏芻澁麼儀軌經》記載：穢積金剛又為普賢菩薩所化現

金剛夜叉明王同體的說法。

依《祕藏記》記載：金剛夜叉為不空成就佛的忿怒身，其自性輪即是金牙菩薩，是其寂靜身；而穢積金剛是為不空成就佛的忿怒身，其自性輪身為金剛業菩薩。又智證請來五大尊像中，沒有金剛夜叉而以烏蒭沙摩替代。由是可知，金剛夜叉與穢積金剛可同視為一體。

在《底哩三昧耶經》及《大日經疏》卷九中又有說法是：穢積金剛是為不動明王所化現。

《底哩三昧耶不動尊聖者念誦祕

穢積金剛化現的因緣

經典	化現因緣
《穢積金剛說神通大滿陀羅尼法術靈要門》	・釋迦牟尼佛化現穢積金剛。
《攝無礙經》	・不空成就佛化現穢積金剛。 ・穢積金剛與金剛夜叉明王同體。
《祕藏記》	・視穢積金剛與金剛夜叉同體。
《底哩三昧耶經》、《大日經疏》	・穢積金剛為不動明王的化現。
《大威怒烏芻澁麼儀軌經》	・穢積金剛為普賢菩薩的化現。

密法》中云：「復作是念，彼持明者畏一切穢惡，我今化作一切穢污之物，四面圍繞而住其中。彼所施明術何所能為，時無動明王承佛教命召彼天，見其作如此事，即化受觸金剛（即是不淨金剛），令彼取之。爾時，不淨金剛須臾悉噉所有諸穢，令盡無餘，便執彼來至於佛所。」

又《大威怒烏芻澁麼儀軌經》云：「普賢即諸佛受職持金剛，為調伏難調，現此明王體。」所以由此經可知，穢積金剛又為普賢菩薩所化現。

穢積金剛很多不同的現起因緣，而其現起的形像亦有各種不同的說法。

第二章　穢積金剛的形像

穢積金剛的尊像有二臂忿怒形、四臂忿怒形、四臂端正形、三目六臂形、三目八臂形等。

㈠二臂像的穢積金剛，金身赤色，忿怒形，犬齒露出，密目（如貍眼），髮黃色直豎上衝，左手持杵，右手執娜拏。

㈡二臂像，右手舒五指以掌拓心，左手持杵，左足踏毘那夜迦，右足踏娜拏，令娜拏一頭押著毘那夜迦。

㈢四臂像，忿怒形，眼睛赤色，通身青黑色，全身流出火焰，右上手執劍，右下手拿羂索，左上手持打車棒，下左持三股叉。

㈣四臂像，左上手掌髑髏，左下手豎頭指擬勢，右上手持娜拏，下手執行。

㈤四臂像，以自己的血畫之，頭髮上豎，第一手掌髑髏，第二手娜拏，第四手持杵，著虎皮褌。

㈥四臂像，右手佛，下手執娜拏，左上手並舒五指，側手近靠額頭，稍微低頭作禮佛的姿勢，下手赤索，眼睛紅色。

㈦四臂像，通身黑色起火焰，忿怒形，左眼碧色，髮黃色上豎，咬著下脣，狗牙上出，衣著虎皮褌，以蛇為瓔珞，左上手持杵、下羂索，右上手並屈豎食指擬勢，下手施予願印，眉間顰蹙，其目可怖。

以上七種形像為《大威力烏樞瑟摩明王經》所記載。

㈧身青色，右手金剛杵，下手舒下大拇指抑，食指直下舒，餘三指稍向上彎曲，左手赤索如盤蛇般，下手數珠，面貌端正殊妙，兩隻赤龍左縛上絡其頭，胸前相鉤仰視，又各背脛青龍絞，頭上有一白龍、胯上虎皮縵，頭髮如火焰般，又項背火焰，頭光上左右各一蓮座，左蓮上阿閦佛，右蓮上阿彌陀佛，結跏趺坐。為《陀羅尼集經》卷九所記載。

穢積金剛二臂形像

㈨身青色，左手寶數珠，右手三股，右下手滿願印，即大拇指、食指相合，餘三指屈、獸皮衣、右肩二隻赤蛇於胸垂著頭向著本尊，又四臂，兩膊青蛇團團遶之。為《攝無礙經》所記載。

㈩六臂、三目，右第一手寶棒，二手三鈷杵，次手索，左第一手施願，次手輪，次手念珠，蛇於手足纏繞，髑髏瓔珞，坐於赤蓮上，右足垂下，是圓珍請來的像。

⑾身赤色三目，左、右第一手拳，頭指舒開豎立於心前腕交叉，左第二手鉤，下手五指舒掌俯，右第二手棒，下手劍，右腳上舉，左腳立於岩上，火焰遍於全身，上方虛空中有化佛。

⑿八臂穢積金剛，唐本樣像，忿怒形，立於盤石上，左、右第一手結印，中指、無名指押著大姆指，小指與食指舒立，右手左脇邊，左手右腹側寄各掌向外，右第二手短劍、次手鈴、下手羂索，左第二手六輻輪、次手長劍、下手三股杵，右腳躍勢，左足直踏於石上，足邊流出火焰，頸上瓔珞，

穢積金剛四臂形像

著天衣，頭髮上聳。

(十三)又唐本像，身赤肉色，三目，頭髮聳豎頂戴，天冠、面向左立於盤石上，左右一手結印，初像第一手印如左上手劍，中手三鈷鈴，下手索，右上手鞘，次手獨股杵，杵繫有赤綵帛，下手弓箭，著青天衣、赤袈裟，立於石，石的四邊流出火焰，虛空上有化佛。

以上簡介穢積金剛的各種尊像。

穢積金剛六臂形像

第三章 種子字、三昧耶形、手印、真言

種子字

種子（梵bīja），本來是借用草本的種子為喻，具有「自一字可生多字，多字復可眩攝於一字」之意，所以「種子」一詞，含有引生、攝持之義。

例如聚合十字為一句真言，如果以第一字為種子字，則可依此而引生下面九字所具有的觀智，同時此九字的意義亦可攝入第一字。

一般而言，種子具有三義，即：⑴子因義，譬如藉由煙而認識了知火的體性；所以經由觀察種子的字門，即可了知佛智。⑵生因義，譬如由穀類等

種子可生出根、莖、花果等；以此而由種子則可出生三昧耶形。⑶本有義，意謂字門即是諸法的根源，具足法爾本來的性德，而示成可作為軌範者。因為具足上述的三義，所以密教諸尊多以種子字來作為表徵。

穢積金剛的種子字為吽 （hūṃ）字，而明王部本尊的種子字亦大都為吽字，因為吽字有能破義，所以與降伏障礙之義相應。《立印軌》云：「**打賊用眼印，誦吽字真言。**」又云：「**誦吽字真言能止雲雨等。**」《底哩經》卷下說：「**結心印稱吽字，一切惡雲退散。**」都是此義。

三昧耶形

三昧耶形是指諸尊手持的器物及手結的印契，三昧耶形又稱為三摩耶形，略稱為三形。密教中以三昧耶形表諸佛菩薩或諸尊的本誓。

三昧耶（梵samaya）有平等、本誓、除障、驚覺四義，而諸尊所持的器物或印契皆具此四義，所以名為三昧耶形。

因為諸尊所持器杖及印契等，皆是象徵諸尊內證的特德，而內德與外相平等無差別，所以有「平等」義；又如文殊菩薩所持的利劍表示大智斷惑的本誓；轉法輪菩薩手持的寶輪，表示說法破執的本誓，所以三昧耶有「本誓」之義。

諸尊將印契持物示於眾生時，眾生因其功德，能除垢障，離煩惱、業、苦等三業，所以有「除障」義。

諸尊以三昧耶形驚醒長眠的眾生之長眠，俾使發心修行；又行者手結本尊的密印，自其三昧驚覺，故有「驚覺」義。

密教認為執持刀、劍、輪寶、金剛杵、蓮華等三昧耶形時，天魔波旬不敢違越，諸佛自身亦不能違越。所以當眾生見彼三昧耶形，能相信其本誓，如法修行，則從所願而得福智。

又於《兩部曼荼羅義記》中說「波羅蜜」意指到彼岸，「三昧耶形」指本誓，而本誓即是到彼岸的誓願，所以三昧耶形又稱波羅蜜行；安住於諸尊三昧耶形，則是入定的形相，寂然住於本誓大願中。

因三昧耶形表諸尊的本誓，所以有時以其三昧形直接代表諸尊；將三昧耶形畫於曼荼羅上，則稱為三昧耶形曼荼羅或稱三昧耶曼荼羅。如金剛界九會中的三昧耶會、降三世三昧耶會等即是。

穢積金剛的三昧耶形，於《尊客鈔》中是寫三股杵，於《薄草訣》則是獨股杵。此外有劍、索、棒等異說。

手印

手印是印契（梵mudrā，巴muddā）的俗稱，即是指密教徒於修法時，雙手所作的特殊姿勢。其音譯有：母陀羅、慕捺羅、母捺羅，或稱印相、契印、密印，或單稱為「印」。

依密教是指曼荼羅海會諸尊為標示其內證的三昧，或行者修習「入我我入」，而手結本尊的密印與諸尊本誓而形成三密融攝之義，於三密中是指身密的相應。

穢積金剛的手印如下：

1.普焰印，經上云，手背相著指頭垂下，名下合掌，乃深交諸指，二小指如針，大開掌，二大拇指互捻於食指指甲側。此印契能成就一切事，持誦大心真言時結此印。

2.經上又普焰印說，上說異。

3.又軌普焰印的大指針狀獨股金剛印，即二大拇指與二小指為獨股杵的兩頭，經上云此印為薄伽梵的根本印，召請時二大拇指雙勾召，奉送時則外彈之，持誦根本真言時結此獨股印。

4.大忿怒印，經云：並雙手，中指、無名指、小指等互相著，其大拇指指捻其三指，便相握成拳，舒頭指合如針，此印契能作一切事業，縛撲請召辟除卒。金剛智所譯的《七俱胝佛母准提陀羅尼經》中記載，此印能辟除一切天魔惡鬼等。

《陀羅尼集經》卷九解穢印，以二小指相鉤於掌中，二無名指、中指、食指直豎相搏，二大拇指安在掌中，二小指上合腕。

真言

真言（梵mantra）是梵語「曼怛羅」（mantra的漢譯），此辭彙並不是密教所特有的，而是承襲古代婆羅門教所用的辭彙。

真言本身，一般只是音譯持誦而已，因為在如是的因緣中唱誦如是咒語，除了義理外也蘊含了身心的特殊作用，所以我們模擬其音聲是有原因的。

所以持誦咒語愈接近原來的音聲愈理想，若在唱誦咒音時，能了解其內義，同感於佛菩薩的願力及悲心，那麼真言的力量當然就更強。

穢積金剛的真言，一般常用的有：

根本真言

唵　吽　發吒發吒發吒　鄔仡羅　戍攞播寧

oṃ hūṃ phaṭ phaṭ phaṭ ugra sūlapāṇi

皈命　吽　發吒發吒發吒　強力　持　者

吽吽吽發吒發吒發吒

hūṃ hūṃ hūṃ phaṭ phaṭ phaṭ

吽吽吽發吒發吒發吒

唵　攞羝　寧囉曩娜

oṃ dūti nirnada

皈命　使者　無聲譽

吽吽吽發吒發吒發吒

hūṃ hūṃ hūṃ phaṭ phaṭ phaṭ

吽吽吽發吒發吒發吒

唵唵唵　摩訶麼攞　娑縛訶

oṃ oṃ oṃ mahābala svāhā

皈命　皈命　皈命　大力　成就

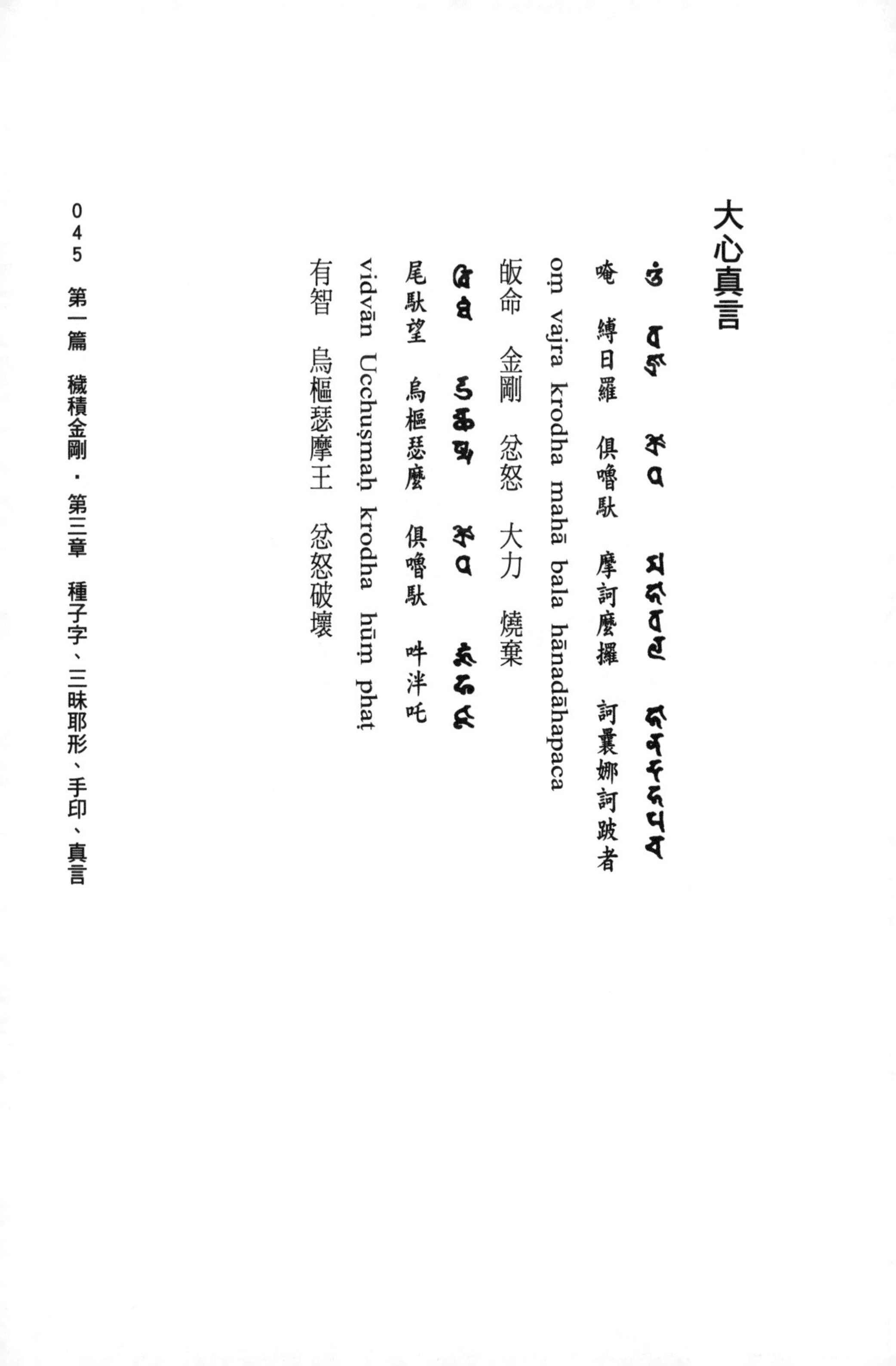

大心真言

唵　縛日羅　俱嚕馱　摩訶麼攞　訶曩娜訶跛者

oṃ vajra krodha mahā bala hānadāhapaca

皈命　金剛　忿怒　大力　燒棄

尾馱望　烏樞瑟麼　俱嚕馱　吽泮吒

vidvān Ucchuṣmaḥ krodha hūṃ phaṭ

有智　烏樞瑟摩王　忿怒破壞

解穢真言

唵　修利摩利　摩摩利摩利　修修利　莎訶

oṃ śrīmali mamali mali śuśrī svāhā

皈命　吉祥保持　幸福保持保持　華麗吉祥　成就

第四章　修學穢積金剛的功德

修持穢積金剛對於生產平安，驅除疾病、毒蛇、怨家，增加智慧、富貴等有極大的助益，尤其是能圓滿安產、解穢的祈願。

經中云：若生產期延遲，持穢積金剛咒語加持水一百八遍，令其服之則順利生產。集經卷九云：若看見死屍、婦人產處、六畜生產、血光流處，看見如是等種種穢惡時，即結穢積金剛手印，誦持解穢咒，即得清淨，所行咒法皆悉產生效驗。

《覺禪鈔》中則說可增益聰明、大福、延壽，滅除罪業、治瘡、治兒夜啼等，於本經中說明將近四百種的功能法。

修學穢積金剛的功德

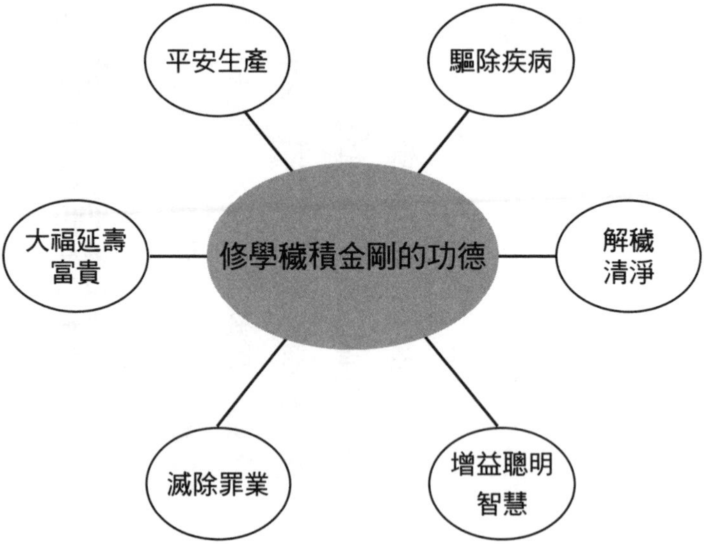

第二篇

穢積金剛行法

前言

穢積金剛具有兩種深層的意義，一是深淨大悲，一是大威慈力，這兩種意義也標示出穢積金剛法門的殊勝性。

穢積金剛又稱為烏樞沙摩明王（梵Ucchuṣma），又作烏芻沙摩明王、烏樞瑟摩明王、烏芻瑟麼明王、烏芻澀摩明王、烏素沙摩明王；亦稱穢跡金剛、火頭金剛、不淨金剛、受觸金剛、穢積金剛、不壞金剛、除穢忿怒尊等。

「烏樞沙摩」據《慧琳音義》所記載，其義應是焚燒一切穢惡，所以為將烏樞沙摩明王譯為「穢積金剛」是有所疑誤的，但是，基本上在中國都通稱其為穢積金剛。

據《慧琳音義》卷三十六所載，此尊具足深刻的清淨大悲心，所以深淨大悲是穢積金剛的特別情境、發心的因緣。他不避於一切污穢之觸，為了救護眾生，以如同猛火般的大威光明，燒除煩惱妄見，使所有分別垢淨生滅之心都消失。

由於穢積金剛特別具有轉動不淨為清淨的妙德，所以此尊常被供奉於不淨之處。所以若將穢積金剛供奉於不淨處，應視此為供奉穢積金剛的特別因緣，而不應該認為一定要在不淨處供奉穢積金剛。

在密法修行中，很多人常常會將某個修法或本尊的特別功用來定位本尊，卻反過頭來認為此尊只有此特別功德；譬如：寶生佛能生出眾寶，所以行者只要想求取資財便供奉寶生佛，這樣的想法不是很圓滿，因為終究寶生佛是為了利益眾生圓滿成佛。所以若以其特德來求取世間的資財，是無法圓滿修習寶生佛成就。在此，穢積金剛的特德是不避穢觸，如果有些人對於在不淨處誦咒有所忌諱，那麼修持穢積金剛則不會產生此問題。

穢積金剛具足大慈力，猶如熾焰焚燒穢惡的生死業，所以名為「大力」，具足大慈大力殊妙功德。所以修持穢積金剛法，常用於祈求生產平安或驅除生產時的不淨，或是驅逐毒蛇、惡鬼等。

但是，在此要了解，這些作用只是其某種功用、特德，千萬別誤將其功用視為其本質；特別是有些人修法時，常常是由於自己的特別需求而修習各種不同的本尊，表面上看來，好像很通達各種本尊法，但是，事實上未必如此，這是值得注意的。

所以，除了一般為了特殊因緣而修習大法，而運用本尊的特德來修法；對於個人的修持，還是應該選擇單一、與自己相應的本尊來修持，最好不要因為一些個人的目的，而認為修習某本尊可相應自身目前的需求。

但是，世間的因緣是無常多變的，如果隨著因緣變化來修學不同本尊，如此則修行不能成就，在此再次強調：不要以特別的功用來定位本尊，如此往往會將本尊的妙德遮蔽，因為一切本尊示現的究竟因緣，都是為了幫助我們圓滿成佛的。

第一章　穢積金剛勝法因緣

穢積金剛現起的因緣

穢積金剛現起的因緣有很多種，在《穢跡金剛說神通大滿陀羅尼法術靈要門》中有其現起因緣的記載：一時，佛陀在拘尸那國力士生處，跋提河邊娑羅雙樹間，臨入涅槃。此時所有的人，都前來供養佛陀，只有蠡髻梵王一人仍在遊樂，未去供養佛陀。

其他仙人認為其有我慢心，所以不來供養佛陀，於是便派遣小咒仙去將之帶回禮拜佛陀。但是眾咒仙到了其住處，見到其住處外圍，圍了種種不淨之物做為城塹。仙人們見此不淨物，各個犯咒而死。

大眾從未曾見到有如此怪事，於是驅策無量金剛眾持其住所，在七天之中，也無人能將之帶回。

大眾見此情形，更加感到悲哀，而同聲說偈言：「苦哉大聖尊，入真何太速，諸天猶決定，天人追喚得，痛哉天中天，入真如火滅。」大眾說完此偈，更加倍感哀傷。

此時如來憐愍大眾，即以大遍知的神力，從左心處化出不壞金剛（穢積金剛），穢積金剛便從大眾中從座而起，向大眾說：「我有大神咒能取蠡髻梵王。」說完即在大眾之中顯現大神通，變此三千大千世界六種震動，天宮、龍宮諸鬼神宮都崩摧，然後即騰身至梵王處所，以手指指之，其醜穢之物全部化為天地。

這時，不壞金剛告訴他：「你這大愚癡，如來臨入涅槃，你為何不去供養。」說完即以金剛不壞之威力，微以指之，梵王即發心到如來所。

於是大眾皆讚歎：「大力士你有如此神力，能將梵王捉拿。」

這時穢積金剛則回答：「如果世間眾生，被諸天、惡魔、一切外道所惱亂，只要持誦我的咒文十萬遍，我即現身令一切有情隨意滿足，永離貧窮令其安樂。誦持此咒方式如下：

首先要發此大願：南無本師釋迦牟尼佛！於如來滅度後受持此咒，誓願濟度眾生，令佛法不滅，久住於世間。發完此願，即說『大圓滿陀羅尼神咒穢跡真言』：

唵咈咶啒聿摩訶鉢囉　哏那㖆　吻汁吻　微咭微摩那栖　嗚深慕　啒聿吽吽泮泮泮娑訶」

這是《穢跡金剛說神通大滿陀羅尼法術靈要門》中述說穢積金剛示現的緣起。由此因緣我們可以了解，穢積金剛是由釋迦牟尼佛所化現，但在不同的經典有不同的說法。

在《大威力烏樞瑟摩明王經》中記載穢積金剛是由普賢菩薩所化現；其他還有不空成就佛所化現，而不空成就佛在密教的說法中，往往是與釋迦牟尼佛同尊。另外還有不動明王、金剛手菩薩等不同的說法，還有一說是五大明王中的金剛夜叉明王與穢積金剛同體，而金剛夜叉明王亦是不空成就佛的教令輪身。接著來了解所謂的「三輪身」。

「三輪身」是指自性輪身、正法輪身及教令輪身。簡稱為三輪，這其中的「輪」字是指摧破之義，所以「輪身」意指摧破眾生煩惱的力量。

在密教金剛界曼荼羅，有從果向因與從因至果的二種次第；而在從果向因的次第中，本地大日如來垂跡化現，來利益、救度、教化眾生的順序，可分成這三種輪身。

1.自性輪身：是表示法身住於諸法本有體性之中，如曼荼羅中臺的大日如來，以本地自性的佛體來度化眾生，因此稱為自性輪身。在金剛界曼荼羅九會中的前六會，以大日如來為中臺者，都屬於自性輪身。

2.正法輪身：是如來支心地現菩薩身，宣說如來正法，如大日如來垂跡示現為菩薩身，以正法來教化眾生，因此稱為正法輪身。在金剛界第七理趣會以金剛薩埵為中臺者，屬於正法輪身。

3. 教令輪身：是如來示現忿怒身，為懾伏難化眾生。如大日如來為了教化剛強難度的眾生，而示現大忿怒相來降伏他們，因此稱為教令輪身。在金剛界第八降三世羯磨會、第九降三世三昧耶會，示現為忿怒明王身者，即教令輪身。

因此，自性輪即指如來當體；正法輪身指如來垂跡示現菩薩身；教令輪指垂跡化現為忿怒明王身。所以三輪依次為五佛、五菩薩、五大明王，有時也可視為法、報、化三身的一類。

在《祕藏記》中即以大日如來、阿閦佛、寶生佛、阿彌陀佛、不空成就佛五佛為自性輪身，般若菩薩、金剛薩埵菩薩、金剛藏王菩薩、文殊菩薩（或觀音菩薩）、金剛牙菩薩五菩薩為正法輪身，不動明王、降三世明王、軍荼利明王、大威德明王（或馬頭明王）、金剛夜叉明王五明王為教令輪身。

關於三輪身的配屬，其他經論另有異說，如《仁王經儀軌》卷上以金剛波羅蜜多菩薩（輪法輪菩薩）、金剛手菩薩（普賢菩薩）、金剛寶菩薩（虛空藏菩薩）、金剛利菩薩（文殊師利菩薩）、金剛藥叉菩薩（摧一切魔怨菩薩）五菩薩為正法輪身，以不動明王、降三世明王、甘露軍荼利明王、六足（大威德明王）、淨身（烏樞瑟摩明王）五王為教令輪身：安然的《菩薩心儀》卷五（本）中，去除虛空藏菩薩代之以金剛藥叉菩薩。

《祕藏記》又將金剛業菩薩、穢跡金剛（烏蒭澀麼明王）配為不空成就佛的正法輪身、教令輪身，或以慈氏菩薩、無能勝明王為釋迦牟尼佛的正、教二輪身。

現在，我們以下頁的圖表，來顯示《祕藏記》中三輪身的方位及配屬：

《祕藏記》中三輪身的方位及配屬

	自性輪身（五佛）	正法輪身（五菩薩）	教令輪身（五明王）
中央	大日如來	般若菩薩	不動明王
東方	阿閦佛	金剛薩埵菩薩	降三世明王
南方	寶生佛	金剛藏王菩薩	軍荼利明王
西方	阿彌陀佛	文殊菩薩	大威德明王
北方	不空成就佛	金剛牙菩薩	金剛夜叉明王

一般而言，金剛夜叉明王是不空成就佛的化現，而穢積金剛也是不空成就佛的化現，所以有一說認為金剛夜叉明王與穢積金剛同體。

而穢積金剛的形像有：二臂忿怒形、四臂忿怒形、四臂端正形、三目六臂形、三目八臂忿怒形等。在此修法中採用《大威力烏樞瑟摩明王經》上所記載的形像，即為四臂。在後續中會有詳細的解說。

《大威力烏樞瑟摩明王經》

中記載，穢積金剛是由金剛手菩薩所化現：金剛手菩薩入於怖怒金剛大忿怒遍喜三摩地，然後無量百千俱胝為所執障礙者，全部大震攝，皆悉見其身為烏樞瑟摩明王所押伏，命將欲盡。

於此經中，金剛手菩薩稱穢積金剛為大威德者、大光明者、大忿怒者。綜合以上說法，我們瞭解穢積金剛的現起因緣。

深淨大悲的密護主

深淨大悲不思議　不避穢觸護眾生
廣大密力救怙主　穢積金剛我頂禮

「深淨大悲不思議」，穢積金剛的特德是在任何不淨之處，都能轉不淨為清淨。從心的煩惱到身、外相、法界一切眾相的污穢，他都能轉污穢為清淨。

穢積金剛轉污穢為清淨的力量是因為其體性的絕對清淨，所以他的大悲心是深淨大悲，這「深淨大悲」也就成為他的特德。

「不避穢觸護眾生」，基本而言，會有「污穢之觸」的產生，這關鍵是來自於眾生對染與淨的相對立觀念；因為對於諸佛而言，並沒有清淨或染污的問題，清淨與染污都是一如的。

禪宗有一則故事：

有位禪師在大殿上吐了一口痰，當時的小和尚便告訴禪師：「這位師父！為何在此清淨之處吐痰呢？」禪師聽了此話，豁然驚醒說：「請問不清淨處在那裡呢？」小和尚無言以對。這其實是眾生對清淨與染污的分別。

我們對於外界會生起污穢的感覺，譬如：普遍性認為糞便是污穢的；又如，無論印度或中國常常存在一種觀念：認為女人是不淨的；或是認為女人生產是不淨的，像有個忌諱是神不入產房。

類似這些忌諱在現代仍然存在著，要等待何時才能破除呢？可能要等到緣起上，大家都不認為此是忌諱時，這些忌諱才會破除；因為只要在人們的心中或是文化上產生忌諱時，這些忌諱仍然會繼續存在，而且連神祇也會隨之產生忌諱。

這種不淨觀念的產生，其中還隱含著不同的文化觀念；可能在原始部落裡存在的忌諱，我們可能沒有；而我們認為是忌諱，在不同文化背景、不同的地區，可能不是忌諱。

古代婦女月事時不准進入寺廟的忌諱，在現今這忌諱已越來越少了。這些忌諱的產生，都隨著因緣的限制在無常變化中。

在此特別提醒大家的是：在修法的過程中，不要站在自身的立場而將本尊限制了。這種以眾生的立場來修法的現象，或許是必然的方式，因為我們是眾生；但是若我們老是以眾生的立場來修學佛法時，此時會發生的問題：就是會在因位不斷地修持，這也是因為我們永遠無法放棄自我的執著，所以需要永遠不斷地修行。

但是，我們若換一個角度來觀察，以果位的立場來思惟著：為何會有穢積金剛的示現？佛菩薩的思惟內容是什麼？想要清楚明白地瞭解這些內容，首先便要將自我的我執放掉，將我們的心空掉，如是才能體解佛菩薩的思惟內容，而不以堅立於我執的立場來思惟佛法。所以提出一個鬆動我執的方法供養有緣大眾。

鬆動我執的方法

首先，我們站在清水前或拿一面鏡子自照，但是注意千萬不要執著鏡中的人。

站在一面鏡子前，不要判斷或打量自己的外貌，不要以慣性的方法照鏡子，而是以鏡中的影像觀察自己，以鏡子倒映出的自己當做是「自己」，以「自己」來倒映出站在鏡子前的我，如此漸次練習，我執會慢慢鬆動。所以，有時我們可去鏡中看看自己。

為何以鏡子或站在清水前面的因緣來練習？因為佛菩薩就像一面鏡子或是那面平水一般，能如實映照出萬物；由於佛菩薩是無相的，所以我們透過鏡子或是那面平水的因緣，來給予我們幫助，拔脫我執而成就如同佛菩薩般的大圓鏡智。

由於佛菩薩是空性，所以能透過鏡子，幫助我們看見自己的真面目，讓我如實的鑑照自己，而達到解脫的境界。因為眾生有淨與不淨的分別，所以在緣起上，佛菩薩亦如實顯現清淨與不淨。

釐清「清淨」的看法

很多修行人常常想要追求清淨，所以佛菩薩便顯現出清淨的境界；在此情境中，我們不禁思惟；佛菩薩有清淨與染污的分別嗎？

千萬不要誤會佛菩薩有清淨與污穢的分別，其實清淨與污穢的分別，都是由於眾生的分別心所產生的，以眾生的立場來思惟佛法，才有佛菩薩身淨、心淨；其實，佛菩薩是無有少法可得，故得阿耨多羅三藐三菩提。

由於我們想追求清淨，佛菩薩便顯現清淨的境界，但是當我們擁有了「清淨」境界的同時，也產生了「清淨」的執著，因此也產生了許多「清淨」的問題。

筆者對於很多虔誠的佛教徒常常感到憂心，因為他們對於佛法十分信仰與恭敬了，同時他們也十分堅持很多所認為的「佛法規矩」；例如：現在有一位心臟病的佛教徒，當他在如廁時心臟病發，由於他對佛法的高度崇敬，因此不敢在廁所持誦佛號。這就是過於堅持「佛法規矩」的例子，這樣的堅持會產生不少問題。

現在，我們來釐清一件事：糞便的體性與大地的體性有所差別嗎？糞便的體性依然是地、水、火、風、空五大的體性，所以其中依然有法性的存在。

所以，千萬不要心存於幻想中修行、修法，尤其不要生活於自己的幻想之中，幻想是無法解脫生死的，佛陀是真實的解脫生死者，不是光憑著做白日夢即可解脫的。

大家都想追求光明，但是有光明就有黑暗的存在，光明的背後即是黑暗，也以此因緣，佛菩薩亦示現了大闇體性——不動明王、嘛哈嘎拉（Mahakala）——大黑天，也因為這個緣由，佛菩薩示現了不避污穢的穢積金剛，他不避穢觸地來救護眾生。

我們再仔細思惟：哪位佛菩薩會避於穢觸呢？

所以我們要注意，千萬不要依表相、文字、或儀軌來理解佛法，雖然密法是要依據儀軌來努力精修，但是如果只是依據儀軌的表相來修持，而不體解其內義，那也徒費功夫了。

因為一切密法儀軌都是為了幫助我們如實了知自心，將磨掉眾生的我執，而成就果地境界。

有了以上的體會，我們才能體解穢積金剛，但是不要以世俗的想法來觀察穢積金剛，認為可以安心的在廁所膜拜穢積金剛，雖然他不避穢觸，但是如果我們供養他上好的供品，他仍然會欣然接受的；穢積金剛是釋迦牟尼佛的大悲體性所化現的，換句話說，如我們供養釋迦牟尼佛是上好的供品，卻供養穢積金剛穢物的話，這似乎也說不過去。

明解穢積金剛與釋迦牟尼佛都是等同的大悲體性，如此才能平等地現起大悲金剛。

「廣大密力救怙主，穢積金剛我頂禮」，我們摯誠地頂禮廣大密力的救怙之主——穢積金剛。

以大悲忿怒之火焚燒穢惡

猛烈忿火焚穢惡　大威光德除諸惱

分別垢淨生滅滅　無滅吉祥清淨主

「猛烈忿火焚穢惡」，穢積金剛具足猛烈的忿怒之火來焚燒穢惡，而所有的忿怒之火都來自大悲三摩地，如果不具足大悲的內容，就不是真正的佛法。以猛烈的大悲忿怒之心焚除一切污穢、眾惡，一切穢惡之物都化為大地。

「大威光德除諸惱」，猛烈之火焚除一切穢惡，大威光德燒除一切苦惱，這是我們要深刻體會的。

「分別垢淨生滅滅，無滅吉祥清淨主」，一切分別染垢悉皆清淨，一切生滅也完全寂滅了。其實穢積金剛是真正無滅吉祥的清淨主，他的體性是絕對清淨，這體性絕對清淨是指超越了一切淨穢無所分別的對待，也唯有如此才能成為無滅吉祥的清淨之主。

大恩本師如意轉　普賢密力金剛手
不壞具誓三昧耶　大力金剛體性義

「大恩本師如意轉，普賢密力金剛手」，穢積金剛是大恩本師——釋迦牟尼佛如意轉化而成，也是普賢菩薩、密力金剛手等所示現。

「不壞具誓三昧耶」，穢積金剛具有不壞具誓的三昧耶，所以我們修持、體解穢積金剛的密法，依此因緣與穢積金剛結下金剛不壞的三昧耶誓句。

「大力金剛體性義」，穢積金剛具足大力金剛的體性義，其體性是大悲深淨的無二體性。

以上我們了悟穢積金剛勝法因緣，依此因緣如實修行、如實受用、如實圓滿。接著實際修證深淨大悲穢積金剛的殊勝方法。

穢積金剛是釋迦牟尼佛、普賢菩薩、金剛手等所示現

釋迦牟尼佛

普賢菩薩

金剛手

第二章 「深淨大悲大威慈力穢積金剛行法」法軌

一、穢積金剛的勝法因緣

深淨大悲不思議　不避穢觸護眾生
廣大密力救怙主　穢積金剛我頂禮
猛烈忿火焚穢惡　大威光德除諸惱
分別垢淨生滅滅　無滅吉祥清淨主
大恩本師如意轉　普賢密力金剛手
不壞具誓三昧耶　大力金剛體性義

二、修學穢積金剛的方法

皈命

南無大智法界海　如實體性本常住
法住法位勝圓滿　無初法爾自金剛
無滅大悲能仁佛　無礙大力大悲尊
無生本然豁然現　無別體性我頂禮
如意深淨大威光　如力現成大忿怒
食爾法界諸不淨　以示法界本空如
世尊如轉忿怒食　十方如來同體現

普賢一切金剛手　　深淨稽首大金剛
烏樞沙摩持明王　　諸佛事業總持者
真實皈命體無二　　具誓三昧眾成佛
全佛法界盡交付　　三世諸佛菩提身
密力永護一切眾　　無別淨意共成佛
南無　本師釋迦牟尼佛
南無　穢積金剛
南無　穢積金剛清淨勝法
南無　深淨大悲大海眾

發心

慈悲喜捨四無量　　體性無生自無量

無滅現空圓頓現　法界深淨自圓滿
眾生全佛大菩提　法爾無間無退轉
大悲發心大力者　穢積金剛永密護

觀空法界，自成本尊

法界現成明空顯　深淨大悲本寂密
無生法爾金剛定　不動圓滿恆無相
根本菩提本現成　無上大慈大力主
如緣應現如日現　遍照法界本寂明
大悲世尊如心現　大力普賢金剛手
一切密主能現起　具德金剛如映前
大空體性現蓮月　心月輪中吽字顯

吽字光明遍法界　迴光返照入寂密
豁然三股杵中現　漸舒廣大遍法界
歛觀如密等自身　現前忿怒大金剛
自心能現持明主　自身所顯金剛王
出息入息吽吽呸　金剛日輪海印現
大威怒悲大慈力　極空自性熾然顯
通身青黑大光明　舉體燄起具四臂
目赤如火大空瞋　右上手執金剛劍
右下持不空羂索　左上手持打車棒
左下手持三股叉　器杖焰起火極烈
法爾大悲深淨尊　虛空頂上能仁佛
右普賢左金剛手　現前吉祥法界性
怖畏金剛大忿怒　安住遍喜三摩地

供養

外層供養

外供身器界　外顯諸法界
無我全獻供　無著娑婆訶
嗡、嗡、嗡、嗡、嗡、嗡、嗡……（廿一稱）

內層供養

內供無住心　意識祕密語
無為全獻供　寂滅娑婆訶

密供養

密供勝甘露　心現深淨尊
大悲空智乳　全供娑婆訶

法性供養

圓頓法界體　誰爾不成佛
隨身相隨護　全佛娑婆訶

觀法爾本尊

自觀頂上白嗡字　喉間紅阿胸藍吽
吽字放光照法界　迎請法爾大金剛

如實莊嚴示究竟　如實密示三昧耶

再供養

廣大不空摩尼供

嗡　阿慕迦　布惹　摩尼　跛納摩　縛日隸

oṃ amogha-pūja maṇi-padma vajre

怛他蘖多　尾路枳帝　三滿多　鉢羅薩羅　吽

tathāgata-vilokite samanta-prasara hūṃ

皈命不空供養寶珠蓮　廣大金剛如來觀普界

無量無邊微塵廣大數　供養雲海法爾自流出

法界道場普遍諸海會　一切聖眾無盡皆供養

特別穢積金剛大悲尊　廣大護持無涯遍法界
濟度眾生永無間斷時　無量福俱自在賜行者
二利行願圓滿大成就　眾生全佛究竟大供養

四層供養

外層供養

外供身器界　外顯諸法界
無我全獻供　無著娑婆訶
「嗡嗡嗡嗡嗡……」（廿一稱）

內層供養

內供無住心　意識祕密語
無為全獻供　寂滅娑婆訶

祕密供養

密供勝甘露　心現深淨尊
大悲空智乳　全供娑婆訶

法性供養

圓頓法界體　誰爾不成佛
隨身相隨護　全佛娑婆訶

相攝

般若法身三昧耶　入我我入一合相
惹吽鑁霍圓相攝　無二本然大悲尊

五佛灌頂

現觀五佛大灌頂　圓成深淨大金剛
光明燄生眾調伏　大悲大力大圓滿

讚誦

大悲不避諸穢觸
大願不忍眾生苦
大慈能賜眾生福
救護眾生大怙主
大光明者遍照王
無上穢積金剛王
一切妄見成妙智
心如不淨成深淨
能成勝妙我至尊
以深體性成清淨

深淨盡焚眾穢惡
大力寂滅生死業
大圓滿力大金剛
大威德者降三世
大忿怒者吽吽呸
如猛烈焰焚煩惱
分別垢淨生滅滅
盡噉法界諸苦毒
大威力尊深敬禮
不二如來法身德

同體密力成大用　啊吽吽吽呸守護
守護如命法界眾　眾生全佛深禮敬

根本真言

唵　吽　發吒發吒發吒　鄔仡羅　戍攞播寧

oṃ hūṃ phaṭ phaṭ phaṭ ugra sūlapāṇi

皈命　吽　發吒發吒發吒　強力　持鉾者

吽吽吽發吒發吒發吒

hūṃ hūṃ hūṃ phaṭ phaṭ phaṭ

吽吽吽發吒發吒發吒

𑖌𑖼 𑖟𑖳𑖝𑖰 𑖡𑖰𑖨𑖿𑖡𑖟

唵　㩕羝　寧囉曩娜

oṃ dūti nirnada

皈命　使者　無聲譽

𑖮𑖲𑖽𑖮𑖲𑖽𑖮𑖲𑖽𑖣𑖘𑖿𑖣𑖘𑖿𑖣𑖘𑖿

吽吽吽發吒發吒發吒

hūṃ hūṃ hūṃ phaṭ phaṭ phaṭ

吽吽吽發吒發吒發吒

𑖌𑖼𑖌𑖼𑖌𑖼 𑖦𑖮𑖯𑖤𑖩 𑖭𑖿𑖪𑖯𑖮𑖯

唵唵唵　摩訶麼攞　娑縛訶

oṃ oṃ oṃ mahābala svāhā

皈命　皈命　皈命　大力　成就

大心真言

唵　縛日羅　俱嚕馱　摩訶麼攞　訶曩娜訶跛者

oṃ vajra krodha mahā bala hānadāhapacaa

皈命　金剛　忿怒　大力　燒棄

尾馱望　烏樞瑟麼　俱嚕馱吽吽吒

vidvān Ucchuṣmaḥ krodha hūṃ phaṭ

有智　烏樞瑟摩王　忿怒破壞

解穢真言

唵　修利摩利　摩摩利摩利　修修利　莎訶

oṃ śrīmali mamali mali śuśrī svāhā

皈命　吉祥保持　幸福保持保持　華麗吉祥　成就

懺悔

大悲體性懺　寂靜住本然

現前眾成佛　究竟第一懺

如實實相觀　罪業如霜露

自銷自清涼　忽憶生全佛

吉祥金剛定　喻班雜薩埵
阿體本無生　長阿住明空

誦百字明

梵文發音

唵　跋折囉　薩埵三摩耶　麼奴波邏耶

oṁ vajra-sattva-samaya mānu pālaya

皈命　金剛薩埵　三昧耶　願守護我

跋折囉薩埵哆吠奴烏播底瑟吒　涅哩荼烏銘婆嚩

vajra-sattvatvenopatiṣṭha dṛḍho me bhava

為金剛薩埵位　為堅牢我

090 穢積金剛

𑖭𑖲𑖝𑖺𑖬𑖿𑖧𑖺 𑖦𑖸 𑖥𑖪

素覩沙榆銘婆嚩

sutoṣyo me bhava

於我可歡喜

𑖀𑖡𑖲𑖨𑖎𑖿𑖝𑖺 𑖦𑖸 𑖥𑖪　𑖭𑖲𑖢𑖺𑖬𑖿𑖧 𑖦𑖸 𑖥𑖪

阿努囉訖覩銘婆縛　素補使榆銘婆嚩

anurakto me bhava supoṣya me bhava

令我隨心歟　令我善增益也

𑖭𑖨𑖿𑖪 𑖭𑖰𑖟𑖿𑖠𑖰𑖽 𑖦𑖸 𑖢𑖿𑖨𑖧𑖓𑖿𑖔　𑖭𑖨𑖿𑖪𑖎𑖨𑖿𑖦𑖭𑖲 𑖓 𑖦𑖸

薩婆悉地　含銘般囉野綽　薩婆羯磨素遮銘

sarva-siddhiṃ me prayaccha sarva-karmasu ca me

授與我一切悉地　及諸事業

質多失唎耶　句嚕　吽

citta śriyaḥ kuru hūṃ

令我安穩　作　吽

呵呵呵呵　護

ha ha ha ha hoḥ

（四無量心、四身）　喜樂之聲

薄伽梵　薩婆　怛他揭多　跋折囉麼迷悶遮

bhagavaṃ sarva-tathāgata-vajra mā me muñca

世尊　一切如來　願金剛莫捨離我

𑖪𑖕𑖿𑖨𑖰𑖥𑖪 𑖦𑖮𑖯𑖭𑖦𑖧𑖭𑖝𑖿𑖝𑖿𑖪 𑖁𑖾

跋折哩婆嚩　摩訶三摩耶薩埵　阿

vajribhava mahā-samaya-sattva āḥ

今我為金剛三昧耶薩埵　阿（種子）

藏文發音

嗡　班雜爾薩埵　薩馬亞　馬努巴拉亞

（最崇高之讚嘆語）　金剛薩埵戒誓、戒定慧的三昧耶誓句

班雜爾薩埵得努巴　地踏地都美巴哇

金剛薩埵請賜與護佑　永遠與我在一起

蘇朵卡約媚巴哇　蘇波卡約媚巴哇

讓我一切願滿　心中多生起善念

阿奴若埵媚巴哇

請慈悲加持我

薩爾哇　悉地　美炸亞擦

賜予所有（世間及出世間）的成就

薩爾哇嘎爾瑪　蘇雜美

以及完成一切事業

只但　歇銳亞　古魯　吽

讓我的心生善念

哈　哈　哈　哈

（代表四無量心、四灌、四樂、四身）

賀

（「賀」是快樂時所發出之聲——以上之四樂）

班嘎文　薩爾哇答踏嘎答

婆伽梵　一切如來

班雜馬妹悶雜

金剛薩埵啊　請不要遺棄我

班基利　巴哇

請加持我成為金剛持有者

瑪哈　薩瑪亞　薩多

大三昧耶之有情

阿

（「阿」代表融於非對待之空性境界）

迴向

法界大悲體性中　深淨圓滿金剛王

無上大力大慈主　穢積金剛勝法行

能食法界眾毒穢　圓成全佛法界滿
究竟無上大事業　如實修證自圓滿
迴向法界眾成佛　一切眾障魔穢淨
無災無障成吉祥　順利圓成大菩提
家國永固如心願　一切如意具大力
大慈大悲大智成　身心安樂至成佛
願此無邊大力主　永怙吉祥一切時
傳承燈明無盡意　三世諸佛願圓滿

第三章　修證穢積金剛的方法

一、皈命

皈命如意的大智法界

南無大智法界海　如實體性本常住
法住法位勝圓滿　無初法爾自金剛

「南無大智法界海」，首先由體性上來觀察，依眾生因緣來看整個法界，法界是無常輪迴的大海；而如來眼中的法界是大智慧海，法界所現起的是自受用身，是自受用如意的大智法界，在體性上是如實的寂滅。

所以「如實體性本常住」，什麼是「體性常住」？體性常住是法住法位，法住於自身、法住於自位，一切法如是，一切無生無滅，本然寂滅法爾常住，這即是法身的妙德，大智法界海所顯現的特質，所以「法住法位勝圓滿」。

「無初法爾自金剛」，這一切勝於本初，本初——無初之初，一切不生。於禪宗的法門中即所謂的「參話頭」，話頭是指意念之頭，即是一切意念之前——法身，亦可稱為常寂光、大光明藏；在密法中稱為明體、赤裸童瓶身，一切未顯之前即是法身普賢。

無初即是一切未生之前，那麼，到底無初是何時呢？因為沒有時間的限制，當然一切都是無初。

頂禮體性無別的能仁佛

無滅大悲能仁佛　　無礙大力大悲尊

無生本然豁然現　　無別體性我頂禮

「無滅大悲能仁佛」，釋迦牟尼佛是三身具足法爾圓滿的佛陀，在體性上是屬於法身，於自受用樂、他受用樂是屬於報身，一切無量無邊的眾生而言，屬於化身，在時空因緣中我們所相應的大悲能仁佛是屬於應身，這是法、報、應、化四身的說法；或有說法、報、化三身，五身（法身、報身、化身、大樂智慧身、法界體性身）或是二身（生身、法身）。

以上只是方便分類，千萬不要將釋迦牟尼佛限制於化身而已，佛陀是三身圓滿具足的；會將三身加以分別的觀點，都是因為以眾生的立場來看待佛陀，才會產生如此的分別。

「無礙大力大悲尊，無生本然豁然現，無別體性我頂禮」，頂禮無分別的體性，無滅大悲的能仁佛示現無礙大力的大悲尊——穢積金剛，在無生本然當中豁然顯現，此示現當然是有因有緣，但是，即使一切現前，一切仍是寂滅的。在這無分別的體性中，我們頂禮穢積金剛，同時也頂禮法界一切的法、報、化三身。

如意深淨大威光　如力現成大忿怒
食爾法界諸不淨　以示法界本空如

「如意深淨大威光，如力現成大忿怒」，如意甚深至淨的大威光明，「如力」是指真如法界體性之力、法界力，它如實恰當的顯現；所以「如力」是如同在一力沙上，顯現出一粒沙的力量；又例如要摘取一片葉子，要如何使葉子不破掉，這個摘取的力量就是如力。

所以「如力現成大忿怒」，這忿怒的力量有多大呢？永遠只是比對方多一點點，過大的力量所反彈回來的力量亦很大，此時受傷害的也只是自己，所以殺雞焉用牛刀就是此理。

「食爾法界諸不淨，以示法界本空如」，因為穢積金剛體性清淨的緣

頂禮體性無別的能仁佛——釋迦牟尼佛

故，所以能夠食爾法界一切諸不淨，以示現本然空如的法界。

依此緣起可方便運用於生活上，例如如果我們吃壞了肚子，或是身體出現障礙，我們可以觀想自身是穢積金剛，來對治所吃下的不淨之食或是障礙。

稽首體性無二的深淨大悲金剛

世尊如轉忿怒食　十方如來同體現
普賢一切金剛手　深淨稽首大金剛
烏樞沙摩持明王　諸佛事業總持者
真實皈命體無二　具誓三昧眾成佛

「世尊如轉忿怒食，十方如來同體現，普賢一切金剛手」，由世尊釋迦牟尼佛所轉化的忿怒食者，噉盡法界一切眾不淨者的大忿怒金剛，他是由十

稽首體性無二的大
悲深淨穢積金剛

方如來同體顯現，普賢、一切金剛手所顯現的至尊。

「深淨稽首大金剛」，我們的體性與穢積金剛的深淨體性皆是相同，也因此我們能夠深淨稽首大金剛。

「烏樞沙摩持明王」，明王（梵名為Vidyā-rāja），在密法中常用來指稱如來為了折伏難以教化的眾生，所示現的忿怒身。

而明（Vidyā）是無明的對稱，是指破除愚癡、黑闇，通達實相諦理的聖慧，在密法中的意義，則引申轉為真言（Mantra）或陀羅尼（Dhāraṇī），意指真言、陀羅尼的力量能破除煩惱、業障的黑闇，因為在密法中，真言與陀羅尼都是智慧的根源。

而持明受持傳承真言，並明了真言密義，以真言的大慧光明破除無明黑闇，顯現如來真實智慧。所以穢積金剛是持明之王。

「諸佛事業總持者」，因為穢積金剛是不空成就佛所化現，而不空成就佛在五部中是屬於羯磨部，羯磨部在五方佛的配屬中，是屬於諸佛之事業，

五輪、五方、五佛、五部的配屬

五輪 →	頂輪	喉輪	心輪	臍輪	海底輪
五身 →	化身(法身)	報身	法身(化身)	功德身	事業身
五字 →	嗡	啊	吽	娑	哈
五佛 →	阿閦佛	阿彌陀佛	毗盧遮那佛	寶生佛	不空成就佛
五色 →	白	紅	藍	黃	綠(黑或彩紅色)
五智 →	大圓鏡智(法界體性智)	妙觀察智	法界體性智(大圓鏡智)	平等性智	成所作智
五部 →	金剛部	蓮花部	佛部	寶部	羯磨部

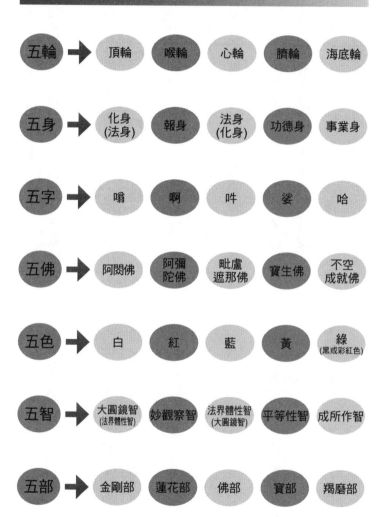

所以他是諸佛事業的總持者。

「真實皈命體無二，具誓三昧眾成佛」，真實皈命體性與我們的體性無二的穢積金剛，他噉食法界一切不淨之物，但是法界為何有不淨之物呢？因為眾生有染與淨分別的緣故，所以會出生不淨；因此有眾生的存在則有不淨的產生。而噉食一切不淨是穢積金剛的具誓三昧耶，因此一切不淨皆已噉食，所以眾生皆俱成佛。

全佛法界盡交付　三世諸佛菩提身
密力永護一切眾　無別淨意共成佛

「全佛法界盡交付，三世諸佛菩提身」，全佛法界盡交付而成就諸佛事業，所以穢積金剛是三世諸佛的菩提之身。

「密力永護一切眾，無別淨意共成佛」，穢積金剛密力永護一切眾生，無所分別的淨意，只願與眾生共同成佛。

密力永護一切眾生
的穢積金剛

南無　本師釋迦牟尼佛
南無　穢積金剛
南無　穢積金剛清淨勝法
南無　深淨大悲大海眾

二、發心

發起廣大利他的四無量心

慈悲喜捨四無量　體性無生自無量
無滅現空圓頓現　法界深淨自圓滿

「慈悲喜捨四無量，體性無生自無量」，我們要發起慈、悲、喜、捨四無量心，四種廣大的利他心，使眾生離苦得樂。

「慈」是給予喜樂；「悲」是拔除痛苦；「喜」是喜悅他人享有幸福；「捨」是捨棄一切親疏的差別相，而平等親愛。而「無量」是真實無量，不是思惟分別中的無量。

一般四無量心是屬於四禪之後所修，或是在初禪、二禪、三禪、四禪之後各修慈、悲、喜、捨四無量心，所以「四無量心」通常是屬於世間的。但是，我們不僅要修習世間的四無量心，更要安住於體性無生之中，現空無有障礙而生起四無量心。

「無滅現空圓頓現，法界深淨自圓滿」，所以體性無生自無量，現前即是無滅現空圓頓的菩提心，深淨的法界自然具足圓滿。

眾生全佛大菩提　　法爾無間無退轉
大悲發心大力者　　穢積金剛永密護

在如是發心中，「眾生全佛大菩提，法爾無間無退轉」，一切眾生圓滿全佛而成證廣大菩提，在法爾體性無間相續中，永無退轉於此究竟境界。

「大悲發心大力者，穢積金剛永密護」，我們是大悲發心的大力者，穢積金剛將永遠密護我等。

三、觀空法界，自成本尊

法界現成明空顯　深淨大悲本寂密
無生法爾金剛定　不動圓滿恆無相
根本菩提本現成　無上大慈大力主
如緣應現如日現　遍照法界本寂明

「法界現成明空顯，深淨大悲本寂密」，在彈指中，現成法界本然明空，我們要深刻的理解密意如是現成。本然寂密的深淨大悲，從法界明空中現成顯現。

「無生法爾金剛定，不動圓滿恆無相」，此刻大家身心頓然放下，無須修習、用功，因為在一切本然當中，本然具足無生法爾的金剛定；我們放下一切，即是無生法爾的金剛定，自心安住於不動圓滿、一切恆常無相的境界。

「根本菩提本現成，無上大慈大力主」，體會在體性中：根本菩提本然現成。我們是具足無上大慈的大力主，在無生法爾金剛定中，我們與釋迦牟尼佛本然無二。

「如緣應現如日現，遍照法界本寂明」，從宛如無邊大海中，如緣應現如日輪般，遍照於法界本然寂明的境界。

大悲世尊如心現　　大力普賢金剛手

一切密主能現起　具德金剛如映前
大空體性現蓮月　心月輪中吽字顯
吽字光明遍法界　迴光返照入寂密

「大悲世尊如心現，大力普賢金剛手，一切密主能現起，具德金剛如映前」，大悲世尊如心所顯現，由是要了解一切都是由心所顯、大力普賢金剛手，一切密主都如是法爾現起，具德金剛如倒映般現起。在此我們可再次練習一次前面鬆動我執的方法，這可以幫助我們了解具德金剛如映現前的祕密。

「大空體性現蓮月，心月輪中吽字顯」，從法界現空的體性當中，現起蓮花、月輪，心月輪中現起吽字，可觀想梵文：𑖮𑖳𑖽或藏文ཧཱུྃ，如果都無法觀成，亦可觀想中文吽字。

「吽字光明遍法界，迴光返照入寂密」，吽字光明遍照法界，我們亦可

吽字的歛觀修法

吽字的廣觀修法

加入練習吽字的廣觀與歛觀，觀想吽字漸次變大，變成像法界一樣大，光明遍滿，然後再變小成唯一極密明點，然後再變成心月輪一般大，放光遍於法界，然後吽字光明迴光返照。

金剛杵的廣觀

豁然三股杵中現　漸舒廣大遍法界
歛觀如密等自身　現前忿怒大金剛

「豁然三股杵中現，漸舒廣大遍法界」，吽字再變成三股金剛杵，我們開始觀想三股金剛杵，現在變成跟我們自身一樣大，再慢慢變大，變成與房子一樣大，然像大樓一樣大，與一座公園一樣大，像台北市一樣大，與台灣一樣大，像亞洲一樣大，與地球一樣大，像太陽系一樣大，像銀河系一樣大，與整三千大千世界一樣大，乃至無量無邊的世界，遍法界、虛空界、圓滿無邊無盡的廣大。

金剛杵的斂觀

「斂觀如密等自身，現前忿怒大金剛」，從無邊無際的法界當中，三股金剛杵漸變小，變成銀河系，變成太陽系，變成地球、亞洲、台灣、台北、公園、大樓、房子、房間、四尺、三尺、兩尺、一尺、半尺、一吋、一拇指、一點、一滴……，最後入於最究竟、最祕密、最微細的一點這是唯一祕密明點。然後再從這最微細的唯一祕密明點，回復等同自身大的三股杵，三股杵現前成忿怒大金剛。

自成本尊——忿怒穢積金剛的現起

自心能現持明主　　自身所顯金剛王
出息入息吽吽呸　　金剛日輪海印現

大威怒悲大慈力

「自心能現持明主，自身所顯金剛王，出息入息吽吽呸，金日輪海印現」，自心能示現持明主，自身所顯現的是金剛王，出息、入息都是「吽吽呸」的咒音，「吽吽呸」是穢積金剛真言的主要咒音。

「金剛日輪海印現，大威怒悲大慈力」，穢積金剛如同日輪從大海中印現一般，具足大威怒、大悲、大慈之威力。

極空自性熾然顯　通身青黑大光明
舉體燄起具四臂　目赤如火大空瞋
右上手執金剛劍　右下持不空羂索
左上手持打車棒　左下手持三股叉
器杖焰起火極烈

「極空自性熾然顯，通身青黑大光明，舉體燄起具四臂」，寂空的自性熾然顯現，通身是青黑色放出廣大光明，整個身體的毛孔都流出火燄，具有四隻手臂。

「目赤如火大空瞋，右上手執金剛劍，右下持不空羂索，左上手持打車棒，左下手持三股叉」，眼睛是赤色如火且大空瞋怒，右上手持執金剛劍，右下手持執不空羂索，左上手持著打車棒，左下手執持三股叉，而且器杖熾焰現起，火焰極為猛烈。

法爾大悲深淨尊　虛空頂上能仁佛
右普賢左金剛手　現前吉祥法界性
怖畏金剛大忿怒　安住遍喜三摩地

「法爾大悲深淨尊，虛空頂上能仁佛，右普賢左金剛手，現前吉祥法界性」，法爾大悲深淨的至尊——穢積金剛，虛空頂上觀想能仁佛——釋迦牟尼佛，其右是普賢菩薩，左邊是金剛手，現前安住於吉祥法界體性中。

自成本尊①

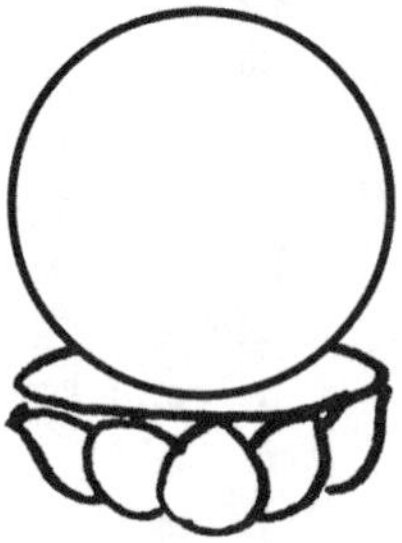

1.從法界現空的體性中現起蓮、月

2.心月輪中現起吽字

3.吽字放光遍照法界

自成本尊②

4.吽字光明返照變成三股金剛杵

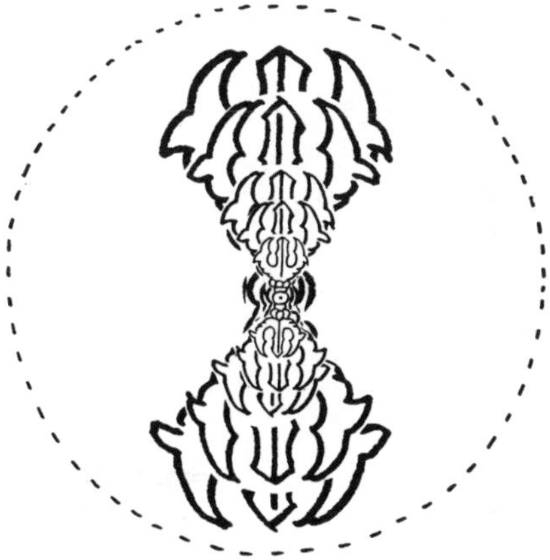

5.金剛杵的廣觀

自成本尊③

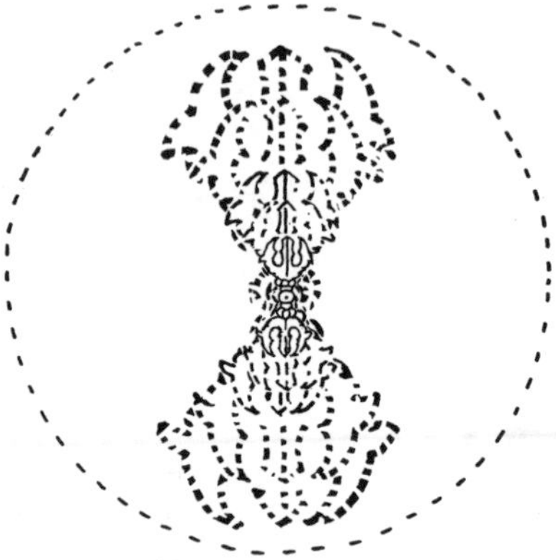

6.金剛杵的歛觀

7.金剛杵變成穢積金剛

自成本尊④

8.穢積金剛頂上是能仁佛，右為普賢菩薩，左為金剛手

「怖畏金剛大忿怒，安住遍喜三摩地」，穢積金剛住於怖畏金剛大忿怒遍喜三摩地中。

四、供養

供養——備具供品如力供養。我們供養自性佛陀及穢積金剛。

外層供養

外供身器界　外顯諸法界
無我全獻供　無著娑婆訶

我們合掌放於頂上，念供養咒：「嗡嗡嗡嗡嗡嗡嗡……」（二十一遍），心中觀想將外界的器世間、一切法界，無我地將法界一切全部供養，無所著當中圓滿供養。

內層供養

內供無住心　　意識祕密語

無為全獻供　　寂滅娑婆訶

內供無住的心才是真誠供養，一切意識、祕密語、究意的語言、佛法之言，以無為之心全部獻供，安住於寂滅的體性中。

祕密供養

密供勝甘露　　心現深淨尊

大悲空智乳　　全供娑婆訶

「密供勝甘露，心現深淨尊」，祕密供養殊勝的甘露，在我們自心中現起穢積金剛。

「大悲空智乳，全供娑婆訶」，我們以大悲空智之乳來供養穢積金剛，這是多麼殊勝的供養。

法性供養

圓頓法界體　誰爾不成佛
隨身相隨護　全佛娑婆訶

「圓頓法界體，誰爾不成佛」，在圓頓法界之體中，我們現觀誰不成佛呢？

「隨身相隨護，全佛娑婆訶」，在眾生全佛的現觀中，穢積金剛必然隨身擁護我們，圓滿具足全佛成就。

五、觀法爾本尊

自觀頂上白嗡字　喉間紅阿胸藍吽
吽字放光照法界　迎請法爾大金剛
如實莊嚴示究竟　如實密示三昧耶

現在我們觀想法爾本尊。

「自觀頂上白嗡字，喉間紅阿胸藍吽，吽字放光照法界，迎請法爾大金剛」，在自生本尊觀中，我們自身是穢積金剛，接著我們觀想頂上（頂輪或眉心輪）有白色嗡字，如水晶融化一般，喉間（喉輪）紅色阿字如紅寶石，胸中（心輪）是藍色吽字如藍寶石。心輪中藍色的吽字放出光明，迎請虛空中法爾的大金剛——穢積金剛。

觀法爾本尊

1.自身是穢積金剛頂輪白嗡字，喉輪紅阿字，心輪藍吽字

2.心輪藍色吽字放光迎請法爾的穢積金剛

「如實莊嚴示究竟，如實密示三昧耶」，現在穢積金剛與我們具有金剛不壞的三昧耶誓句。接著我們供養法爾本尊。

六、再供養

廣大不空摩尼供

嗡　阿慕迦　布惹　摩尼　跛納摩　縛日隸

oṃ amogha-pūja maṇi-padma vajre

怛他蘖多　尾路枳帝　三滿多　鉢羅薩羅　吽

tathāgata-vilokite samanta-prasara hūṃ

皈命不空供養寶珠蓮　廣大金剛如來觀普界

無量無邊微塵廣大數　供養雲海法爾自流出
法界道場普遍諸海會　一切聖眾無盡皆供養
特別穢積金剛大悲尊　廣大護持無涯遍法界
濟度眾生永無間斷時　無量福俱自在賜行者
二利行願圓滿大成就　眾生全佛究竟大供養

外層供養

外供身器界　外顯諸法界
無我全獻供　無著娑婆訶

內層供養

內供無住心　意識祕密語
無為全獻供　寂滅娑婆訶

祕密供養

密供勝甘露　心現深淨尊
大悲空智乳　全供娑婆訶

法性供養

圓頓法界體　誰爾不成佛
隨身相隨護　全佛娑婆訶

供養時我們依循偈頌如實觀想。

修習完對身的法爾的穢積金剛和自身的穢積金剛，再來我們開始修習二者「相互融攝」的觀法，念偈頌的同時要仔細觀想。

七、相互融攝

般若法身三昧耶　入我我入一合相
惹吽鑁霍圓相攝　無二本然大悲尊

「般若法身三昧耶，入我我入一合相」，我們的三昧耶身與穢積金剛的般若法身現在要相應融攝。

在這緣起世間中，我們自身現起穢積金剛，而圓滿般若法身在虛空中，現在法爾的穢積金剛入於我們的身、語、意，這是「入我」；同時我們也入於法爾穢積金剛的身、語、意，這是「我入」，後得與本有的穢積金剛二者平等無二，二者變成一合相。

這個指示是本證妙修之指，這「本證妙修」是曹洞宗的心體，是日本曹

相互融攝

經由「入我我入」，圓滿相攝成無二本然的穢積金剛。

洞宗之祖道元禪師的心法，這心法就運用於此了。「入我我入」則法界整個是穢積金剛，而我們自身也是穢積金剛，法界一切整個相應為一合相。

「惹吽鑁霍圓相攝，無二本然大悲尊」，再來我們念四攝咒：「惹、吽、鑁、霍」，這個咒亦可稱為四大名。

這四個字的意義是二者相互勾召、相互攝入、融攝，是整個相應結合為一體。念完四大名，我們圓滿相攝成就無二本然的穢積金剛。

八、五方佛灌頂

現觀五佛大灌頂　圓成深淨大金剛
光明燄生眾調伏　大悲大力大圓滿

「現觀五佛大灌頂，圓成深淨大金剛」，五佛灌頂即是我們本有五智現

五方佛給我們五種智水的灌頂加持

起成就。

我們觀想五方佛：中央毘盧遮那如來，東方阿閦佛、南方寶生佛、西方阿彌陀佛、北方不空成就佛。五方佛示現安住於我們頂上，接著五方佛給我們五種智水的灌頂加持，我們如實圓滿成就深淨大悲的穢積金剛。

「光明焰生眾調伏，大悲大力大圓滿」，我們具足廣大的智慧寶燄光明，而觸及光明火焰的眾生盡皆降伏。

這智慧寶燄的每一個火焰，都是穢積金剛的光燄，也可以觀想為光明的明點，如同金剛鍊光一般，每一個明點都是穢積金剛。

現在五佛灌頂已經鞏固了，我們如實成就大悲大力大圓滿的穢積金剛。

接著是我們對穢積金剛的讚誦。

九、讚誦

大悲不避諸穢觸
大願不忍眾生苦
大慈能賜眾生福
救護眾生大怙主
大光明者遍照王
無上穢積金剛王
一切妄見成妙智
心如不淨成深淨
能成勝妙我至尊
以深體性成清淨

深淨盡焚眾穢惡
大力寂滅生死業
大圓滿力大金剛
大威德者降三世
大忿怒者吽吽呸
如猛烈焰焚煩惱
分別垢淨生滅滅
盡噉法界諸苦毒
大威力尊深敬禮
不二如來法身德

同體密力成大用　啊吽吽吽呸守護
守護如命法界眾　眾生全佛深禮敬

「大悲不避諸穢觸，深淨盡焚眾穢惡」，由於穢積金剛的大悲心，所以能夠不避諸穢觸，以甚深的清淨盡焚一切眾穢惡。

「大願不忍眾生苦，大力寂滅生死業」，大願不忍眾生的痛苦，以大力寂滅眾生的生死之業。

「大慈能賜眾生福，大圓滿力大金剛」，穢積金剛的大慈能賜眾生無邊的福德，具足大圓滿力的大金剛。

「救護眾生大怙主，大威德者降三世」，穢積金剛是救護眾生的大怙主，他是大威德者、能夠降伏三世者。

「大光明者遍照王，大忿怒者吽吽呸」，是大光明者、是遍照之王，是大忿怒者，一切言語都是吽吽呸的法音。

「無上穢積金剛王，如猛烈焰焚煩惱」，無上的穢積金剛王，如猛烈的火焰焚燒一切煩惱。

「一切妄見成妙智，分別垢淨生滅滅」，將一切妄見轉成殊妙智慧，一切分別垢淨、一切生滅全都寂滅。

「心如不淨成深淨，盡噉法界諸苦毒」，心安住於真如，將一切不淨化成為深淨，盡噉法界一切苦毒。

「能成勝妙我至尊，大威力尊深敬禮」，能夠成就勝妙我至尊，在此具有雙意：一是我們的體性與穢積金剛無二無別，從外義來看，我們致敬頂禮至尊——大威力尊，我們深深地敬禮。

「以深體性成清淨，不二如來法身德」，以深妙的體性成就清淨，具足不二如來的法身之德。

「同體密力成大用，啊吽吽吽呸守護」，我們與穢積金剛同體，密力擁護而成就大用，啊吽吽吽呸——恆久以最忿怒的大悲威力來守護我們。

「守護如命法界眾，眾生全佛深禮敬」，守護如其性命的法界眾，使眾生圓滿全佛，我們深深地禮敬穢積金剛。

根本真言

唵　吽　發吒發吒發吒　鄔仡羅　戍攞播寧

oṃ hūṃ phaṭ phaṭ phaṭ ugra sūlapāṇi

皈命　吽　發吒發吒發吒　強力　持鉾者

吽吽吽發吒發吒發吒

hūṃ hūṃ hūṃ phaṭ phaṭ phaṭ

吽吽吽發吒發吒發吒

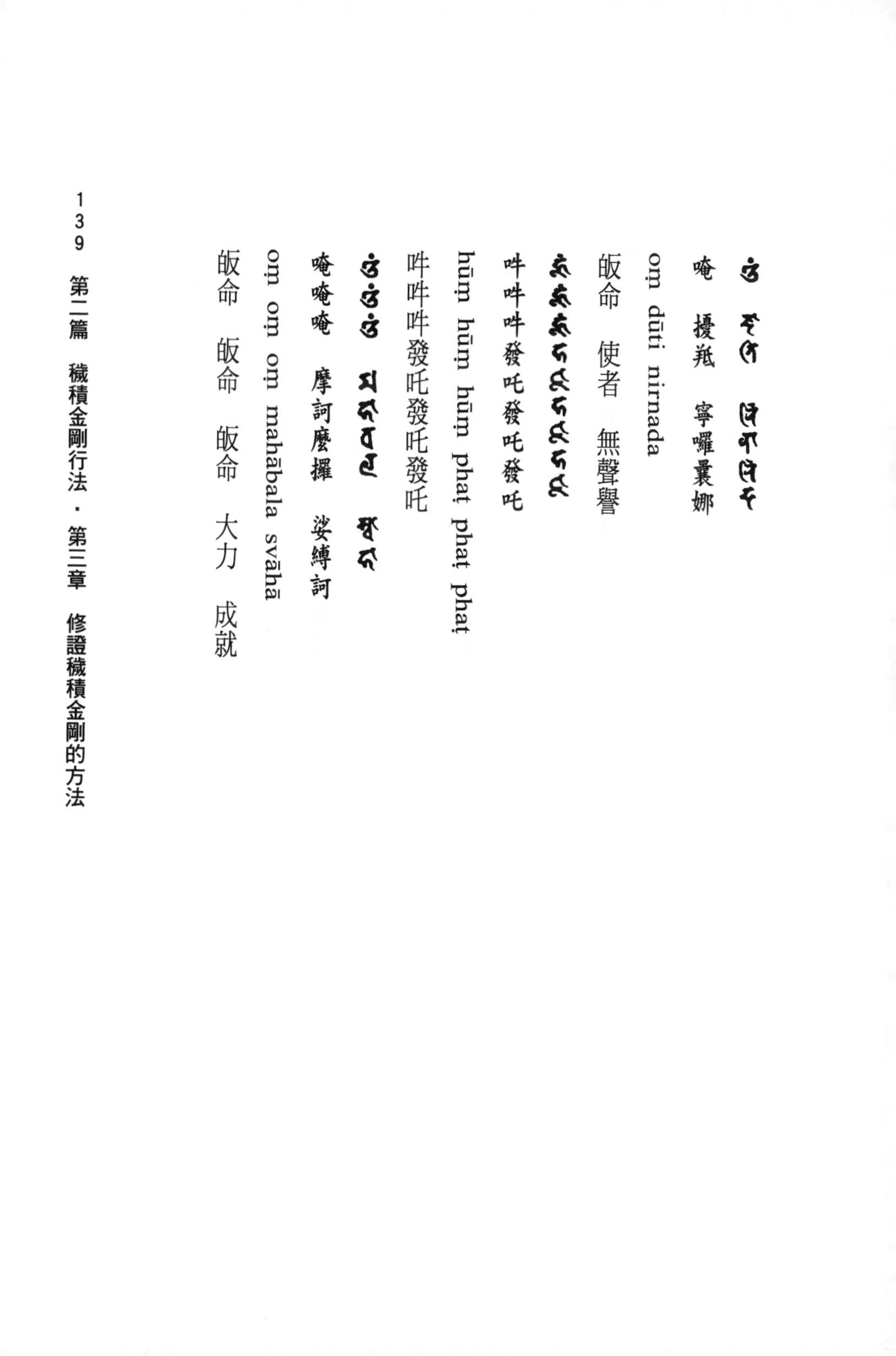

唵 擾羝 寧囉曩娜

oṃ dūti nirnada

皈命 使者 無聲響

吽吽吽發吒發吒發吒

hūṃ hūṃ hūṃ phaṭ phaṭ phaṭ

吽吽吽發吒發吒發吒

唵唵唵 摩訶麼攞 娑縛訶

oṃ oṃ oṃ mahābala svāhā

皈命 皈命 皈命 大力 成就

大心真言

唵　縛日羅　倶嚕駄　摩訶麼攞　訶曩娜訶跛者

oṃ vajra krodha mahābala hānadāhapacaa

皈命　金剛　忿怒　大力　燒棄

尾駄望　烏樞瑟麼　倶嚕駄吽吽吒

vidvān Ucchuṣmaḥ krodha hūṃ phaṭ

有智　烏樞瑟摩王　忿怒破壞

解穢真言

𑖌𑖼　𑖫𑖿𑖨𑖱　𑖦𑖩𑖰　𑖦𑖦𑖩𑖰𑖦𑖩𑖰　𑖫𑖲𑖫𑖿𑖨𑖱　𑖭𑖿𑖪𑖯𑖮𑖯

唵　修利摩利　摩摩利摩利　修修利　莎訶

oṃ śrīmali mamali mali śuśrī svāhā

皈命　吉祥保持　幸福保持保持　華麗吉祥　成就

十、懺悔

大悲體性懺　寂靜住本然

現前眾成佛　究竟第一懺

如實實相觀　罪業如霜露

自銷自清涼　忽憶生全佛

吉祥金剛定　嗡班雜薩埵

阿體本無生　長阿住明空

「大悲體性懺，寂靜住本然，現前眾成佛，究竟第一懺」，什麼是最究竟的懺悔呢？從大悲體性中懺悔，即是最究竟的懺悔，我們寂靜地安住於本然的體性當中，現前的一切眾生成佛，這就是最深的究竟懺悔。

「如實實相觀，罪業如霜露，自銷自清涼，忽憶生全佛，吉祥金剛定」，在如實的實相現觀當中，罪業如同霜露一樣地銷融了，自然銷融自清涼。這時忽然起眾生都是佛陀，我們就安住在吉祥的金剛定當中。

我們唸誦：「嗡班雜薩埵，阿體本無生」，當我們念到「阿」時，心中長「阿——」一聲就住於明空定中，心中頓感清涼，而一切罪障全都銷融。

再來是念誦〈百字明〉懺悔（見第八十九頁）。念〈百字明〉是以彌補懺悔修法過程中之任何缺失，修學者可選擇梵文或藏文音譯，若不熟悉梵文、藏文的發音，亦可直誦中文的意譯（隨藏、梵發音收錄兩篇意譯，讀者可自行參酌）。

十一、迴向

法界大悲體性中　深淨圓滿金剛王
無上大力大慈主　穢積金剛勝法行
能食法界眾毒穢　圓成全佛法界滿
究竟無上大事業　如實修證自圓滿
迴向法界眾成佛　一切眾障魔穢淨
無災無障成吉祥　順利圓成大菩提
家國永固如心願　一切如意具大力
大慈大悲大智成　身心安樂至成佛
願此無邊大力主　永怙吉祥一切時

傳承燈明無盡意　三世諸佛願圓滿

住於法界大悲體性中，深淨圓滿的金剛之王，無上的大力大慈主，穢積金剛殊勝的法門，能夠盡食法界的眾毒污穢，圓滿成就全佛的法界，圓滿究竟無上的大事業，如實修證則自然圓滿悉地。

迴向法界眾生成佛，一切障礙、魔擾、污穢皆清淨，無災無障成就吉祥，順利圓滿成就大菩提。

家國能如願地永遠穩固，一切皆如意而具足大力，大慈、大悲、大智慧成就，身心安樂直至成佛。

願無邊大力之主——穢積金剛，一切時永遠依怙吉祥，傳承的燈明無盡意，三世諸佛的大願如實圓滿。

附錄一

《穢跡金剛說神通大滿陀羅尼法術靈要門》一卷

北天竺國三藏沙門阿質達霰唐言無能勝將　譯

如是我聞，一時佛在拘尸那國力士生處，跋提河邊娑羅雙樹間。爾時，如來臨入涅槃。

是時，有無量百千萬眾、天龍八部、人、非人等，啼泣向佛四面哽咽悲惱而住。

爾時，復有諸天大眾釋提桓因等皆來供養，唯有蠡髻梵王將諸天女，依於四面圍繞而坐，前後天女千萬億眾共相娛樂，聞如來入般涅槃而不來覲省。

時，諸大眾為言：「今日如來臨般涅槃，是彼梵王何不來耶，其王必有我慢之心，而不來至此，我等徒眾驅使小咒仙，往彼令取。」作是語已，策百千眾咒仙，到於彼處，乃見種種不淨而為城塹，其仙見已，各犯咒而死。時，諸大眾怪未曾有，復策無量金剛，亦令持咒而去，乃至七日無人取得，大眾見是事倍復悲哀。爾時大眾同聲而說偈言：「

苦哉大聖尊，入真何太速，

諸天猶決定，天人追喚得，

痛哉天中天，入真如火滅。」

時，諸大眾說此偈已，倍復哽咽悲啼嘷哭。是時，如來愍諸大眾，即以大遍知神力，隨左心化出不壞金剛，即於眾中從座而起，白大眾言：「我有大神咒，能取彼梵王。」作是語已，即於大眾之中顯大神通，變此三千大千世界六返震動，天宮、龍宮、諸鬼神宮皆悉崩摧，即自騰身至梵王所，以指指之，其彼醜穢物變為大地。

爾時，金剛至彼報言：「汝大愚癡，我如來欲入涅槃，汝何不去！」即以金剛不壞之力，微以指之，梵王發心至如來所。

爾時，大眾讚言：「大力士！汝能有是神力，取彼梵王來至於此。」

時，金剛即報言：「若有世間眾生，被諸天、惡魔、一切外道所惱亂者，但誦我咒十萬遍，我自現身令一切有情隨意滿足，永離貧窮常令安樂。」其咒如是：「先發此大願，南無　我本師釋迦牟尼佛！於如來滅後受持此咒，誓度群生，令佛法不滅，久住於世。說是願已，即說大圓滿陀羅尼神咒穢跡真言曰：**唵咈咶啒律摩訶鉢囉　哏那㖿　吻汁吻　微咭微摩那栖　嗚深慕　啒律吽吽泮泮泮娑訶**」

時，彼金剛說此咒已，復作是言：「我於如來滅後常誦此咒。若有眾生請願受持此咒者，我常為給使者令所求如願，我今於如來前說此神咒，唯願如來於真中照知我等。世尊！若有眾生多被諸惡鬼神之所惱亂，此咒者皆不能為害，永離苦難。

「世尊！若有善男子，善女人，欲救療萬病者，誦上咒四十萬遍，見有病者治之有驗，無問淨與不淨隨意驅使，我當隨從滿一切願。

「若欲令枯樹生枝葉者，取白膠香一大兩塗樹心，楊枝咒樹一百遍，日三時至滿三日即生華果。

「若欲令枯泉出水者，淨灰圍之，即井華水三斗置泉水中，於寅時咒一百八遍，水如車輪涌出。

「若欲令枯山生草木，取鑌鐵刀一口，於四方圍山。咒三千遍，七日滿則生。若欲令野獸歸伏者，取安悉香，燒向有獸住處，咒一千遍。其獸至夜間，並集持法人門首，歸降如人間六畜相似，隨意驅使永不相捨。

「若令夜叉自來歸降者，取桃枝十翦齊截，取水一石，煎取五斗，澇桃柳枝出，以丁香三大兩，乳頭香三大兩，白膠香三大兩，後和柳水煎取五斗，即置一破盆中，取一桃枝長三尺，攪水誦咒一百遍，一切夜叉羅剎皆來現，共行法人語，請求與人先為侍者。

「若令諸惡鬼神、毒蛇、蝎、猛獸等毒以滅者，取淨灰圍所居穴孔，並自出來。當微出聲咒之一百遍，其蛇等一切蟲獸，各滅毒心不敢傷人，速得解脫。

「若令惡狗不傷人者，取食一摶，咒七遍與食，永不傷人，復不出聲。若令惡人來降伏者，書前人姓名，置咒人脚下，咒之百遍，心念彼人其人立至，降伏捨怨憎之心。

「若欲人相憎者，書彼二人名號，於自足下，咒二百一十八遍，其人等便相離背、不相愛敬；若有相憎人令相愛敬者，即書取彼名姓，於自足下咒一百八遍，其人便相愛重永不相捨。

「若有未安樂之人令安樂者，取前人名字書足下，咒三百遍，當為彼人發大誓願，我於彼時即自送，辯才無滯隨行者意，所須之者，並悉施與；若持咒人求種種珍寶、摩尼、如意珠等者，但至心誦咒自限多少，我即自送滿其所願。

「若欲治人病者，作頓病印，先以左手頭指、中指押索文印咒之一百遍，以印頓病人七下立差；若病人臨欲死者，先於禁五路印，然後治之，即不死印目，如是先准印以無名指屈向掌中，豎小指咒之百遍其患速除。

「若治邪病者，但於病患人頭邊，燒安悉香，誦之咒立除之，若蟲毒病者，書患人名字紙上咒之即差。治精魅病者亦如法，若治伏連病者，書患人姓名及作病鬼姓名，埋患人牀下咒之，其鬼遠奉名字自出現身，便令彼鬼看三世之事，一一具說向人其病速差，若有患時氣病者，咒師見之即差，若欲令行病鬼王不入界者，於十齋日誦我此咒一千八遍，能除萬里病患。」

穢跡金剛說神通大滿陀羅尼法術靈要門一卷

附錄二

《穢跡金剛禁百變法經》一卷

北天竺國三藏沙門阿質達霰唐言無能勝將　譯

爾時，金剛復白佛言：「世尊，若有善男子、善女人，持我此咒無效驗者無有是處。欲令山摧者，取白芥子三升、上好安悉香；於山中疑有寶，取鑌鐵刀一枚，畫四方為界，耳淨巾一枚、香爐一枚，燒安悉香，先咒一千八遍，取白芥子四散及至七遍，作是法，其山自摧；若有寶之處，其藏神捨寶而出，任意用之。

「若欲令海竭者，先咒一千八遍，以金銅作一龍形，擲於海中即時海竭，若欲令江河逆流者，取安悉香作一象形，無問大小、擲水中，咒一百八遍，登時逆流；令依舊者，咒一淨石擲之水中，其水如故。

「若有雷電、霹靂、毒龍、卒風、惡雨者，即作止雷電印，以左手中指、無名指、小指並屈掌中，頭指以大母指、捻頭指中節上，誦咒咒之，以印遙指雷雹之處自止。

「若欲令一切鬼神自來歸伏為給使者，取水三升盛銅器中，以淨灰圍之，即作教攝錄印，以二無名指並屈掌中，令背相倚，二中指頭相捻，二頭指及小指各如開華，以大拇指捻中節，默咒一百八遍，其世界內所有諸惡鬼，並來雲集自現其身，捨毒惡心任行人驅使。

「若禁山者所至之山，誦咒百遍大叫三聲，即作業山印，以右手無名指、屈於掌中，直豎中、頭、大母等指，並直豎，向上印之七遍，即却行七步，後七印山，其山中即一切鳥獸並移出山。若作此印咒七遍，以印向空中印三七度，其空中毫塵不過。

「若欲令人不語者，畫前人姓名，向口中含口，其人口不離言。吐出即語得，若誦一切諸咒先須作壇；若誦我此咒者即勿須作壇，但剋一跋枳金剛榼杵，於佛塔中或於靜室中，用香泥塗地，隨其大小著種種香華供養，安杵壇中咒一百八遍，其杵即自動，或變作種種異物亦勿怪之；更誦咒一百八遍，其杵自去地三尺以來，或五、六、七尺乃至一丈以來，持法之人即須歸依懺悔發願。我於彼中即現真身，隨行人意所願樂者，並皆速得如意，我即與授菩提之記，即得身心解脫，先須誦十萬遍滿。然後作法，若課未充不得效驗。

印法第二

「此印方一寸八分剋之，咒一千遍，用白膠香度之，剋印日勿令人見，用印印心，得心智、自然智、宿命智，持印百日，即得任種種大法門。

「方一寸二分，咒六百遍，以安悉香度之，帶行令一切人愛樂，得大自在，永離眾苦。

「方一寸五分刻之，咒六百遍，以白膠香度之，用印印腳，便得飛騰虛空所向自在。

「方一寸八分刻之，用白膠香度之，咒七千遍，用印印足，可日行三百萬里無人得見。

神變延命法

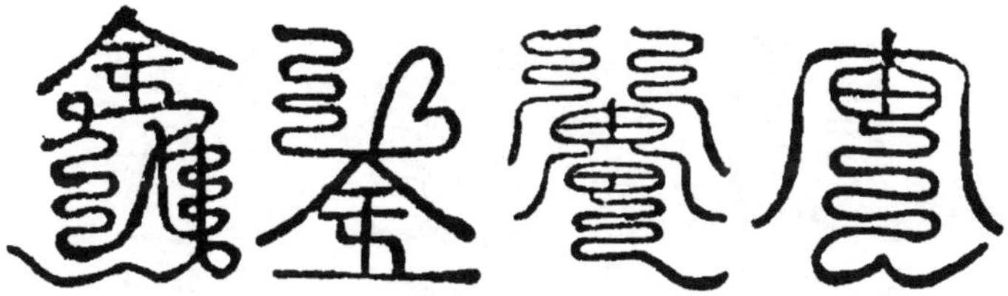

「伏連，書心上即差，大吉，急急如律令。

「心痛，書之立即除差，大吉利，急急如律令，先咒七遍。

「鬼病，朱書吞之。

「精魅鬼病之人，朱吞之，七大書枚，立瘥神驗。

「若依法之人，取白檀綾二丈一尺七寸，白練裹之，置於地輪世界。令人延年得七十歲，若無人送者，即安自宅中庭，掘地七尺埋之亦得，又得聰明、多智、辯才無礙。

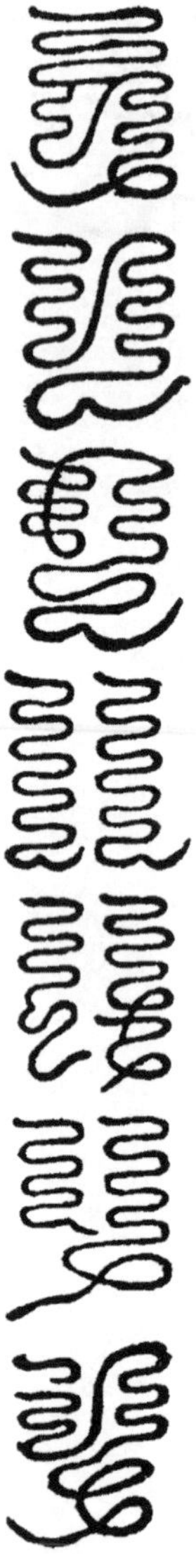

「此七道亦能治萬病，吞之亦令人長壽益智大神驗。

「此上七道用朱書紙上，吞之千枚令人延年，即得與天地齊壽，不得令人見之。

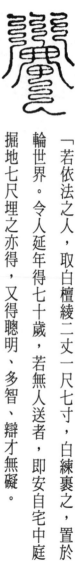

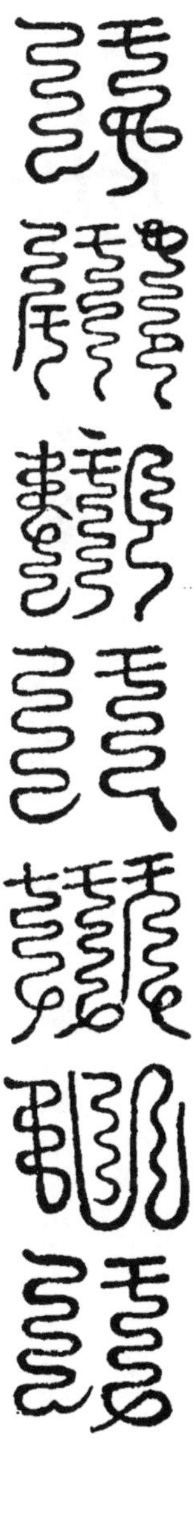

「此上七道，若有人患一切病，以此符書之，皆得除瘥。若人書符吞之者，延年益智大驗效矣。

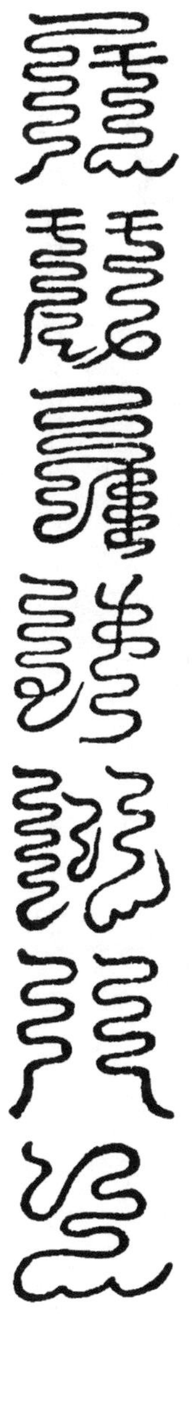

「此上七道，若有人求種種珍寶者，以朱書此符，吞之滿七日，即有種種妙寶自然而至。若求他人財物，當書彼人姓名於符下，其人立即送物到。

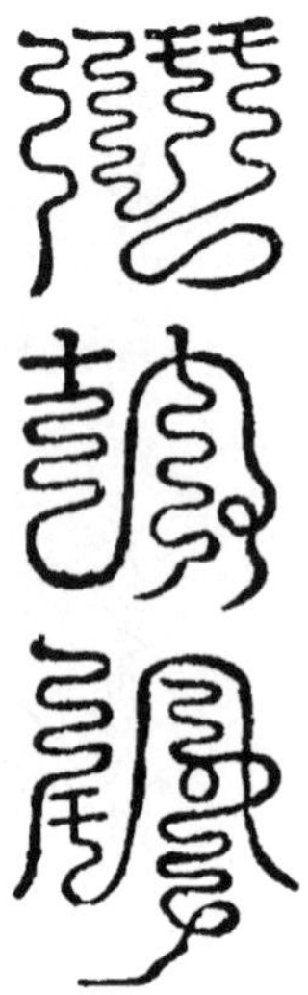

「此上三符，朱書床四腳上，常有八大金剛衛護悉不暫捨，惟須嚴淨勿令污染之物入房，切須慎之。

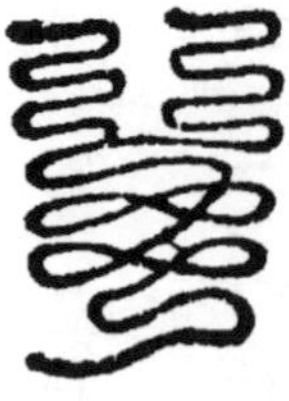

「有大火災起者，書符擲一枚咒一百八遍，向火中須臾災自滅。

「火惡風起者，書此符咒一百八遍，擲向風中即止。

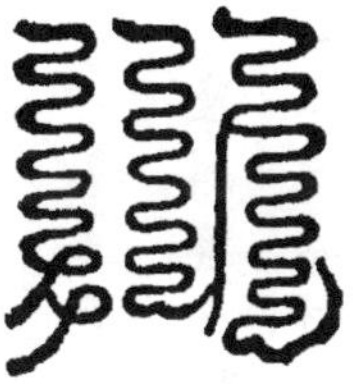

「有大水起者，書此符擲於水中，立即斷流水不溺人矣。

「有大雨者，書此符咒之一百八遍，向雨擲之其雨立即自定之。

「此符朱書吞三枚，及可與他人書符，即有驗效，若不爾者用，諸符無驗。」

爾時，穢跡金剛說此符已，大眾同聲讚言：「善哉！大力士！汝能說是大妙之法，令諸眾生皆得解脫。」

爾時，金剛頂白諸大眾：「當知我於汝等，此法若流行之處，我等大天常當護此行法之人，助令成就。」

是時，金剛復作是言：「若有眾生行此法者，我即往彼現其人前，所求願者，我亦施與，令彼得種種變現、種種神通，所作無礙，常須念我本師釋迦牟尼佛，我即常隨逐之，令一切法皆助成就。」

爾時，金剛說此法已，大眾倍加悲喜，及諸天龍、大鬼神等，各奉聖言禮足而去。

穢跡金剛禁百變經一卷

古經本咒四十三字，唐太宗朝人，多持誦靈驗非一，除去十字，今就錄出，速獲靈應無過是咒：

唵咈咶　崛啛摩訶般囉　很那㖿　吻汁吻　（醯）（摩）（尼）微咭微

摩那棲（唵）（斫）（急）（那）烏深暮　崛啛吽吽（吽）泮泮泮（泮）

（泮）娑訶

真覺彈師所傳神咒與今經咒同，但梵音賒切字語少異。

唵佛呞窟聿　摩訶般那很那詡　吻泮吻　尾劼尾　摩那棲　烏溢謨　窟

聿吽吽吽　發發發　莎訶

附錄三

《大威力烏樞瑟摩明王經》卷上

大唐北天竺國三藏阿質達霰譯

敬禮一切佛，復次諸菩薩。爾時，會中無量俱胝明仙之所圍遶，摩醯首羅天王大部多主，從座而起，頭面著地。前禮金剛手菩薩摩訶薩足，作是言：「菩薩，唯願演說大威力者，不空無礙教令諸無比力勇健者，金剛菩薩所愛樂者，諸天、阿修羅、梵王、帝釋所歸仰者，夜叉、羅剎、毘多拏、布單那所怖畏者，降怨敵者，辦諸事者，曼荼羅法所祕密者。」

時，彼眾會同讚摩醯首羅言：「善哉！善哉！作意善哉！善哉！大部多主，為我等類決定勸請。」

爾時，金剛手菩薩，逶迤抽擲金剛杵已，便下金剛莊嚴蓮華之座。顧彼眾會，即入怖畏金剛大忿怒遍喜三摩地。然後無量百千俱胝所為執障者，皆大振慴悉見其身，為烏樞瑟摩所押伏，命將欲盡，如遇劫燒，其意迷悶，俱發聲言，唯願哀憐施之無畏。

爾時，金剛手菩薩摩訶薩從三摩地安詳而起，告彼眾言：「大威德者，大光明者，大忿怒者，如汝所言，如是薄伽梵、大威德者、大忿怒者、大光明者。」

爾時，薄伽梵金剛手菩薩摩訶薩，如師子顧作此瞻視唱如是言：「大部多主，我今說烏樞瑟摩祕密曼荼羅法，若暫聞者，一切事業皆悉成就，不有非時夭橫，但諸惡事皆不及身，毘那夜迦伺不得便，一切眾生之所愛敬，一切怨敵常皆遠離，一切密言皆得成驗，諸金剛法任運當成，一切不祥即得解脫，一切吉慶常當加護，若持此明滿十千遍，即同登壇具足灌頂。如遇明師之所傳授，次復當陳烏樞瑟摩曼荼羅相，先應具受三歸八戒，發菩提心慈惠悲愍。

「其立壇地應當擇處，若於山間或在莊居，或於曠野或在寒林，或在淨室或河岸側，或獨樹下或閑宅祠宇，如法治地建曼荼羅，三肘、四肘或復八肘亦十六肘；若降伏法三肘三角；作若寂災法四肘或八肘，若增益法及為國王十六肘作。

「用黑月八日，或黑月十四日，以心密言加持清水用灑其地。又以紫檀摩一圓壇，布以祥草上散赤迦囉尼囉花，以塗香眾花散於壇上，加持佉馱囉橛一百八遍，釘入大壇四角及中成結地界，乃作根本遍擲印，誦密言七遍。

「取紫檀遍塗地，以五色線拼為界道，四角四門運以黃、赤、綠、黑，乃於壇心畫佛，佛左傍畫金剛手菩薩，持杵，有諸使者及金剛鉤明蛇，捧杵瞻仰菩薩。次右烏樞瑟摩明王，持青難拏唐言棒，以夜叉及阿修羅眾，并訶利帝母及其愛子等為侍從，皆瞻仰明王。

「於東北角大自在天王執三股叉，并妃，東方天帝釋執金剛杵，東南隅火天執繚戾棒，南方閻羅王執娜拏，西南方寧帝執劍，西方水天執赤索，西北方風天執緋幡，北方毘沙門執伽那。三面畫毘舍蛇眾，東門內畫三股叉守護，以新瓶皆滿盛淨水及寶物五穀等，以綵色纏項，取一口瓶置佛前，安紫檀杵於口上，餘瓶皆以赤花或菓木枝塞口，四角四門各置一瓶。

佛前置兩段衣服充供養，金剛聖眾乃至天等亦用衣服，每尊皆置飲食香花，壇外道梵行界道壇外正方遺灰，其瓶先加持一千八遍乃置之，請諸尊依法引弟子誦金剛三昧耶密言，纔令弟子耳聞，散花所至彼尊有緣如法灌頂，若登此壇即同入一切曼荼羅訖，一切天魔毘那夜迦皆悉順伏，命終生阿拏迦嚩典宮毘沙門天王宮。

「復次重說無上祕密曼荼羅，以黑月八日或十四日，可稱讚地而建立之，四肘四門布以五色，或塼灰末於中畫佛。次右觀自在菩薩，次右馬頭明王大忿怒形，佛左金剛手菩薩，次左大威力烏樞瑟摩明王大忿怒形，佛前摩麼雞金剛部母。四角置一瓶，佛前一瓶，以不截綵覆之名勝瓶，外壇東北隅，大自在天王執三股叉，并妃，於餘隅畫半杵或杵印，以香、花、飲食供養，如法引弟子灌頂，所用物充以心密言加持。

「復次契相，根本遍擲印。先正立極力引左足頓地，向左亞身，右手握大指成拳，申臂令豎，左手為拳約著心，舒頭指如針，眉間嚬蹙目當專注，此遍擲印，乃能怖畏諸障難者，阿修羅門所有關鍵亦能摧破。

「大忿怒印，並雙手，中、名、小指等互以面相著，其大指捻其三指甲，便相握成拳，舒頭指合如針，此契能作一切事業，縛撲請召辟除卒忤，又令遠離能殺枯瘁護身。

「普焰印。手背相著指頭垂下，名下合掌，乃深交諸指，二小指如針，大開掌，二大指互捻頭指甲側，此契能成一切事業。

「杵印雙手內相叉為拳，舒左中及頭指，右中頭指亦然，二中指相合，微屈頭指，各近中指傍，大指相並押無名側。

「打車捧印，右手握大指成拳。剪刀印，結次前印，舒頭中指如剪刀股，徐動之。大牆院印，結前棒印，極開二頭指。頂印，結次前大牆院，屈右頭指入掌如餘指。頭印如大牆院，屈左頭指入之。甲印准牆院，屈二頭指相拄如環，此印有大威力，能作一切事業。

「復次畫像法，用氎徑方兩肘，依口酬價，乃以牛糞摩壇，豎緤於內，以赤花飲食供養，因命良工圖如來像。坐師子座手作說法相。以左手大指頭指頭相捻，並舒中名小三指，右手亦然，及以左手仰掌，橫約著心，以右手腕著左手名小指等頭，以掌向外散其三指也。

如來左畫金剛手菩薩，右手執杵左作問法相。並其五指微屈之，如仰鏉形，引手向前掌向如來也。

「次左畫大威力烏芻瑟麼明王，大忿怒形。目赤色通身艶黑色，舉體焰起而有四臂，右上手執劍，次下羂索，左上打車棒，下三股叉，器仗上並焰起。

如來右金剛部母麼麼雞，多髮美貌通身艶色，跏跪合掌恭敬向佛，部母右行者，跏跪兩手執香爐供養，其緤勿經打污。無毛髮者，勿用臭色及有命之色，其畫匠每日受三歸八戒，長齋具大善心新衣清潔。行者亦爾勿離其傍，速成為上，後有畫像亦准此也。

「復次於此像前，面東誦根本密言，乞食禁語兀如枯木，當印制底，如是相續滿六十萬，遂即登山建立前祕密曼荼羅，持劍作大壇，用阿伽嚧沈香也充柴，鬱金華和白檀香燒之，晝夜，成持明仙之首，得一切悉地，有大威力，壽齊日月，命終生阿拏迦囉典宮。

「若置訶哩多攞雌黃，或安善那眼藥，或麼曩始攞雄黃、或捧准前作火壇，功力同劍，若乞食於一月內無間念誦，取白月十五日畢。

其日，布像敷阿說他葉廣府有之，於像前加持三金金銀赤銅娜拏七遍，置上加持持之，焰起，劫壽有大威力，一切阿修羅一切夜叉羅剎鬼神諸天皆大順伏。

「若三金娜拏一月內加持之日滿，准前加持焰起持之，劫壽身等大威力明王；若人以三金杵，代娜拏焰起，身同金剛手菩薩；若以三金輪代杵焰起，身如日輝成明仙中輪王。

「若又絕食三日，黑月八日布羊躑躅葉、葛塔葉是，於像前補沙鐵鉤長八指，於葉上右手而加持，焰起執之洞視土地，位同帝釋遊戲三十三天，天龍鬼神欽伏。

「若絕食一日，黑月八日或十四日，布阿說他樹七葉，於像前置雄黃於上加持，焰起塗之持明仙，烟隱暖熱善行。

「若於山頂誦十萬遍，天大威力烏芻瑟麼明王現，甚可怖畏執心勿懼，云須何作白言，薄伽梵成就一切事，但乞一願持明仙，或降阿脩羅或召諸天皆悉隨意。

「若於吉祥門首布像，誦三十萬遍訖，阿脩羅女自出迎之，可將五百人同入，彼輩作障身便乾枯。

「復次畫像法，取兩肘，緤彩畫大威力烏芻瑟麼明王。身赤色、怒形、狗牙露出，密目如狸眼即是，髮黃色上衝，左持杵、右娜拏。行者食不食淨與否，像前誦三十萬遍所作皆辦。

「若於吉祥門首，面北布像，行者面南。苦棟薪作火壇，進毒藥末、芥子、己血，滿一千八，修羅女子身如火燒，獻長生及點化藥，不受藥者，諸女攜手同入其宮。先有明者，我當王彼，不畏娜羅延業，輪壽多劫，尊貴快樂身，有光明，種種神變，命終生天。

「若於吉祥門首布像，作火壇燒緤華子一千八，滿三日，乃結根本遍擲印，彼門即開，無障而入。

「若有龍，水岸布像，作火壇燒鹽滿一千八，龍出，受命隨意驅使。

「若先絕食三日，置像審銘柴唐言苟杞，作火壇，芥子油和芥子燒滿一千八，能召一切人天。

「若以鹽成悉底哩置像，作火壇，片片割進火中，日三時，令盡滿七日，稱名百由旬內至。

「若以諸天空祠廟中布像，阿說他薪作火壇，苦練葉和芥子油，進其中一千八遍，日三時，經七日，即有天神來現；云：『作何事隨意驅使。』

「若先絕食三日，以黑月八日或十四日，於大自在天王前石陵伽南，以右手掩上加持，須與有大聲者，三天王現受驅使，不現彼身乾枯。若准前先三日絕食，黑月八日或十四日，布像作火壇，進羊躑躅花一千八遍，又執其花，加持一遍，擲打夜叉女膝，即相敬。若要長生藥、眼藥、金、銀、寶玉等，悉皆從命。

「若以佉馱羅木作三股叉，絕食三日，以日月蝕時，寒林中布像，以香花、飲食廣以供養，右手持叉加持之，叉焰起止。後於夜分，豎叉於地，七寶堂宇現是人前，天女繽紛充滿其處，云：『欲何所作？』歌、舞、音樂種種驅使，將曉去叉如故。

「若取一屍無瘢痕者，洗浴之置大河側，首東仰臥，日正午，四面各令一丈夫執刀而立，行者屍心上坐，取雄黃內屍口中加持之，藥若變熱，一切貴敬，煙隱，光昇空。

「若絕食三日，黑月八日或十四日，布像廣陳供養，以阿樞迦木合，盛素嚕但戰曩藥此是藥名，帶赤黑色，重比金出天竺，末塗目中仰視，日能奪其光，見日中有者為真耳。置像前加持之，熱貴敬，煙生遁形，焰起持明仙，身光如日圓滿可愛，壽七千歲。

「若絕食三日，黑月十四日，寒林中取無瘢痕屍，以香湯洗浴之，以頭向東臥著，香花供養，行者裸形被髮，屍心上坐，取白淨髑髏，滿盛白色芥子，置屍口上加持之，芥子盡隱，執髑髏，騰隱自在，為一切騰空隱者之首。

「復次不擇淨穢食與不食，先誦三十萬遍，又以應肘量緤一肘或二肘或三肘或四、五等肘，後言應肘量准此，畫大威力烏芻瑟麼明王，作大怒形，左持杵，右娜拏，左視，龍為瓔珞龍作蛇形，明王左畫大寒林及行者，於明王右畫山座，以赤花、飲食供養，黑月八日於制帝布像，廣設供養，作大壇，以烏曇波羅充薪，進赤色未開花，滿一千八，其日三時，即成驗，能作一切事法，人天貴敬。

「若眼藥法，取尾避多迦木毘梨勒木合子，盛素嚕但戰曩，月蝕置像前加持之，得熱、煙、焰生三種驗，功力同前；若取犬舌以三金鍱裹，月蝕時加持，煙生口含藏形。

「若口含嚩極菖蒲根也，持密言，取三種成驗，熱得一切總持不忘；煙生藏形；焰起作持明仙；若於山頂誦九十萬遍，為持明王。

「若乞食禁語誦四十萬遍，絕食一日，黑月十四日於制帝前布像，廣設此供養，并作火壇，進安悉香丸一千八，其日三時作小持明王，若食乞食，安悉香伴紫礦汁進火中，滿十萬遍，見用。

「若取壓戶保怛哩迦唐云天門冬根，進火中一千八遍，迦那至。若水中立至臍，誦十萬遍，一切伏藏盡現，能開枷鎖止業輪，起死人，勝冤敵。

「若月蝕，牛糞作壇布像，以赤銅碗盛赤牸牛蘇置中加持，執食之，總持不忘，煙生長生，焰起藏形。

「若以烏曇跛囉薪作火壇，芥子、黃芥子、麼沙天竺云毒藥，以血和之，進火中，一千八伏藏自現，結根本遍擲印，又執佉羅木杵向前降之，寶物涌出。

「若絕食於恒河側，誦三十萬，阿脩羅門開；若稱吽字，降山山碎，禁諸江海能令枯竭。

「若絕食於寒林中，誦四十萬遍，梵羅剎及諸鬼神作美貌而現受命，若驅使遲違稱吽字打地一下，彼當殞絕；稱莎嚩賀再生。

「大自在天王廟中，絕食誦十萬遍，大自在天王現，以香華供養問訊，從天王乞其一切道術如意成驗。若於大自在天王妃前，絕食誦十萬遍，妃現，隨心乞願；不現，彼死或乾枯。若依前法誦密言，欲令梵天、夜摩兜率及天帝釋等一切天王現，並得如意。

「若取一屍稱吽字，以足加屍首，令聲足齊下，屍當起大叫，持劍斷其首成黃金，不者，屍叫，告之有捨覩嚕，某甲持始羅來如意。

「若以補沙鐵作劍，月蝕時加持，焰起持之，身同大自在天王。若補沙鐵作斧，月蝕時加持，焰起持之，為毘舍者王。若補沙鐵作刀子，月蝕加持，焰起持之，為明仙王，功用最勝，壽命尤多。

「若以蟻墳土塐成形，行者以足加心上，作壇，白芥子毒藥及血置於左手，以右手捻燒，經七日，日一千八，王貴敬族亦爾。

「若食乞食，誦四十萬遍，一制帝前布像供養，以密栗嚩薪作火壇，并取其果，進一萬顆，為持明王，天龍順伏。若加持華或果七遍，贈人貴敬。

「若一日不食，黑月八日布像，阿說他薪作火壇，進黑油麻一千八，王臣貴敬。

「若三日絕，食進酥、蜜、酪、白芥子於火中，一日三時，二千八滿七日，為持明王。若鍊酥滿一千八，經三日，王貴敬。

「若取舍多華唐云迴香花、酪、蜜、酥相和，進火中一千八，滿七日，即得金錢一百。若燒粳米乳粥一千八，日三時滿月，五穀盈溢，用之不竭。

「若紫檀粖和酥，內華於中，進火一百八遍，日三滿七日，迦那至。

「若從黑月一日起布像，遏迦薪作火壇，烏麻油和酥、迦瞻摩樹華，一內、一燒一千八滿七日，後金錢八文。

「若乳和蜜相和以青蓮葉，一內、一燒滿三十萬，伏藏盡現。

「若召人，大寒林中布像，香華供養，紫檀粖成彼形，佉馱囉木作火壇。男從右，女從左足起，一割、一燒令盡，百由旬外一月而至。

「若大寒林中布像，紫檀摩壇，水和王蹤，下土一把，壉成形，從右足割，進火中令盡，敬重。若寒林中布像，香華、飲食供養，進虞麼娑於火中，滿一千八，貴敬。若進阿底目迦多華於火中，十萬遍，貴敬。

「若大寒林中，尾避多迦木作火壇，進麼訶麼娑晝夜，一切毘舍遮眾、梵羅剎等敬重，若捨覩嚕，今梵羅剎為病。

「若悉馱薪作火壇，初生犢子糞和紫檀粖作丸進之，日三時，時一千八，滿二十七日，得牛千頭。若截白檀香內、杉木脂，進火中，日三時，時一千八，滿二十一日，得大莊五所。

「若截杉木進摩咄囉火中，一千八，滿七日，得金錢一千文。

「若食麨及水，布像供養坐吉祥草，十五日念誦勿間，絕食三日，黑月十四日布像供養，以白芥子油然燈，乃截黑阿迦嚧唐云沈香進鉢囉奢薪火中，一千八。像形動或目動或作吽聲，若形動為持明輪王，若名香和牛酥進火中一千八，得群羊牛，不走失、疫病。若酥蜜相和，又內炒稻穀華於中，進遏迦火中滿十萬，五穀盈溢。

「若取紅蓮葉進河中流入海者，滿六箇月，次絕食三日，白月八日布像供養，烏麻油和名香，截紫檀木抄進火中，晝夜大吉祥天現。以白檀、閼伽供養，天云：『須何願？』白言：『持明輪王。』天從行者口入無礙，即得如意，無有天龍鬼神為怨敵者。

「若酥蜜酪相和，一內名華，進遏伽火中一千八，妻妾貞潔。若黑月八日酥蜜相和，內炒稻華於中，進火中一千八，日三時，滿七日，得千戶大莊。

「若供養像，黃芥子和鬱金，進嚩吒薪火中，一日三時，時一千八，滿七日，國王貴敬。

「若供養像，阿底目迦多薪作火壇，進其華於中，滿十萬，大臣貴敬。

「若供養像，進夜合華於火中，日一千八，妃貴敬。若取眾名香蜜和，作迦那形，充七日割進火中，日一千八，貴敬。若海鹽和芥子油，燒日三時，時一千八，經一月，族姓人貴敬。

「若寒林中坐髑髏上，寒林薪作火壇，進血於中，晝夜荼吉尼現，以血充閼伽供養之，云有何事，隨意乞大願，天神貴仰。

「若大寒林中，黑月十四日取裸形屍肉進火中，從日入至夜半，梵羅刹作忿怒形而為奉教，後日得衣兩事金錢一百文，若取寒林華鬘，進火中一千八，首陀貴敬。

「若以蠟作毘舍遮形，割進火中，毘舍遮眾現為奉教，後日得衣服。若截阿樞迦無憂也，抄愔愚多油，進火中，經一月為持明王。若進薰陸香於阿樞迦火中，日三時，時一千八，經一月得大莊。

「若以飲食、華供養像，以其華一誦一散像前，滿一百萬遍，為持明王。若取摩勒迦華飲食供養，散其華十萬見用，若常持念此密言者，無眾諸衰難。

「若酥烏麻油，一日三時，時一千八，進火中滿七日，得大莊。若加持佉馱羅木橛一百八，釘入怨人家內，彼善心相向。若龍華鬚進佉馱羅火中，日一千八，經一月，迦那至。

「若酥蜜相和，一內迴香華，進阿波末哩迦唐言牛膝火中，滿十萬，家內七寶自涌。若酥蜜酪和阿波末迦子，進屈嚩迦薪火中，滿十萬，王貴敬。

「若黑月一日，阿樞迦樹下，庾體迦木敷華，一內酥蜜酪中進火中，滿十萬，得金錢一千文。

「若制底前布像供養，進俱羅吒迦華於佉馱羅火中，滿七日，大威力烏芻瑟麼現，滿願。若進阿杜華於佉馱囉火中，一千八，七日伏藏現。

「若進阿伽悉地華於苦練火中，一千八，經七日，得金錢一文。若以內摩勒地華酥蜜酪中，進瞻蔔迦火中，經一年，共誦一十萬，得金錢十萬文。

「若以泥壊嚩囉呬、紫檀供養，持密言晝夜，彼當長喘，與行者黃金千斤。

「若流入海河立，其水至髈，用阿迦羅充燒香，以名華一熏進水中，滿十萬，為大持明王，人天歸命。若截阿說他樹枝，一內酥蜜酪中，燒之十萬遍，為小持明王。

「若油麻酥蜜酪相和，進火中滿十萬，見用。若截松木進火中，十萬遍，見用。若酥蜜相和，截蜜栗嚩樹根，一內一進火中，滿十萬，大富。

「若黑月八日供養像華和鬱金華，進火中一日三時，時一千八，滿七日，大富。

「若有龍水邊，白月五日布像，供養龍腦香、龍華鬚和，進火中，滿十萬，其龍貴敬，得寶珠十萬顆。

「若黑月八日大自在天王廟中，一內阿底目迦多華於酥蜜酪中，進火中，日三時，時一千八，滿七日得大莊五所。若進訥嚩草骨路也，若進火中，滿十萬，長壽。

「若進屈野迦欲敷華於審銘火中滿十萬王女敬重。若粳米和烏油麻柤，進脂俱吒火中，一千八，饒奴婢。

附錄四

《大威力烏樞瑟摩明王經》卷中

北天竺三藏阿質達霰譯

「若粳米和牛酥，進火中十萬遍，生有相之子，若杉木脂和酥，進火中十萬遍，增七寶財。若以飲食、香華供養像，像前地上畫人或王，行者形心上坐，誦十萬遍，彼并族貴敬。

「若白芥子鬱金華和，進迦赦若火中，日三時，時一千八滿七日，王族貴敬。

「若麼沙末芥子油和，埬為囉形，從初夜割進鉢囉奢薪火中，令盡，彼貴敬。若烏油麻粳米和煮，又以烏麻油和，進火中日三時，時一千八，滿七日，首陀貴敬。

「若烏麻柤進火中，一千八，迦那貴敬。若粳米粉成捨覩嚕，取脂俱吒枝為橛，加持一千八遍釘，口不能語。

「若寒林炭畫梵羅刹，誦一萬，令捨覩嚕麼羅寧，若解彼咒法者，以香華、飲食供養像，像面向北，人對之，芥子、毒藥、血和，進味達迦多薪火中，一千八，彼當失驗。

「復次羯磨壇，先對像面東念誦畢，便作此壇。於大河海側或大寒林中或高山上，如法摩地訖，准前畫院，開一門正方八肘，當中畫大威力烏芻瑟麼明王。於右畫若稜多者哩嚀明王，怒形斜目；右於左畫阿吒吒僧伽明王；入門門右角內，畫大自在天王并妃；又於門左角內，畫那羅延天王，四臂皆執器杖；又於北方畫伽那，一角內金剛杵，西方赤索，一角阿跛邏攞龍王印畫一小階，階上畫一蛇頭，蒙出項以來；南方一口黑色劍。壇內諸尊並坐，以心密言加持灰；於壇外正方作梵界道，以飲食香華供養，凡入壇物皆以心密言加持之。

「取雄黃以石研成粉，牛乳和為丸，五布阿說他葉於壇中，以藥丸置上，行者以忿怒形加持之。焰起取一丸施與諸天，以一丸施與先成持明者，以一丸施給侍者，餘丸研塗額上喉及心，成天明仙身生瓔珞。其髮右旋婉轉紺色，異常貌同諸天壽一千歲。

「若煙生，王諸隱形仙，若熱，能令一切眾生喜見柔伏，供給財寶，壽年百歲；若三相不現，塗額眾人貴敬。若以雌黃或牛黃，代雄黃亦得驗。

「若黃丹和己身血，置淨髑髏中；安前壇上加持，焰起，取少塗額，王、一切天仙餘相准前。若沐浴衣，邏結差囉細曩縹熏香，壇中坐持明，身上焰或起煙生熱等，功力准前。

「若取紅蓮，鬚龍華、鬚末之蘇蜜和之，金椀盛置壇中，加持焰起，藥成甘露，服之成自在天。身壽遠劫不復飢渴，煙生藏形熱，總持不忘，壽千歲，無病，一切眾生貴敬。

「若月蝕時立壇，赤銅椀盛羝羊乳；加持之，焰起服之，王一切天仙壽如日月；焰不起，壽一百歲，得大勝。

「若補沙鐵作三股叉，或佉馱羅木長十二指作，行者澡浴，遍體塗灰，禁語。加持叉三十萬，候月蝕以置壇中加持，焰起持叉，身成大自在天王，面有三目，威力亦等。煙生持之，王諸隱形仙熱，有大威力。

「若補沙鐵作杵，長十六指，以紫檀遍塗之，黑月八日或十四日，月蝕時，立前壇，於道路取少淨草布中，置杵於草上，取黃牛酥，一加持一澆杵上，滿一千八，諸鬼神及毘那夜迦并阿吒吒訶僧見勿畏，結那拏印，持明彼皆退散。然執之加持，焰起持之，得帝釋位，具足千目王三十三天，阿脩羅眾皆來頂禮，納其女子力伏魔王，煙生，王隱形仙熱，壽百年，天龍順伏。

「若作三金輪，大寒林中立前壇，准前置輪，澆酥一千八，壇中右手執輪加持，焰起成諸仙輪王，威力倍勝首羅及帝釋。神仙歸仰命終生阿拏迦嚩典宮，若佉馱囉木作劍，以三金鍱裹三處，山頂布前壇，以右手持之，加持之，加持令劍作青色，便住立其地，先布少淨灰，以劍頭當灰中拄之，一切隱身諸仙並現，作禮旋遶而去，取其灰少少分布與人，彼得灰者皆成天仙。

「若佉馱羅木作伽那，以赤色華鬘掛於伽那上，准前置執加持，焰起，成毘沙門天王、大力夜叉之主，無量鬼神而為給侍，便往阿拏嚩典宮壽一大劫。若素嚕但戰曩末，以麼囉頜銘花及葉掌中和末候乾和擣津又泮滿一千遍和之又擣為末以金椀盛之。又以金椀蓋之，准前澆酥滿千，乃置椀於掌中加持，焰起末塗目中，飛騰自在，諸天圍遶給侍，壽遠劫。

「復次，阿毘遮嚕迦法。大寒林中立壇，以心密言加持己血。一遍，灑其地，候乾又灑清水，又以寒林灰塗之，寒林灰界壇院，三角三肘開北門，門外畫羅刹，髮上豎怒形，以人骨莊嚴之，右手掌一髑髏盛血，作向口飲勢；壇心畫娜拏印，焰起；三角各畫佉吒望迦及毘舍遮眾，以犬肉祀羅刹毘舍遮，前置酒，行者裸形，被髮以頭、中、無名三指，塗己血於額、兩肩、心、喉，大怒心左遶壇行一匝立，稱烏芻瑟麼名，更灑己血於壇，以赤華鬘遶壇院一匝，粳米飯和血，置一髑髏中安壇中，人骨和髮為焚香；又一髑髏滿盛血，赤華鬘纏之，又以三髑髏壇前支纏華者煎之，行者蹲踞坐。持人脛骨攪血，仍咬牙嚙齒，大怒形，持密言，血中焰起，有無量聲喧空，必不損人慎勿怖。

「其阿吒吒訶僧及諸鬼神，身皆焰起以種種惡形來現，云須何願隨意乞之，若國家有大陣敵，或惡人毀除三寶，令繫之皆大喪敗。

「若不擇時日，依前作三角壇，唯除華鬘纏髑髏并支者，以建吒迦唐言棘也薪作火壇，髑髏末、毒藥末和血進火中，一千八，捨覩嚕摩囉寧。

「復次，寒林衣應肘量者，寒林中或路上作壇，以血灑之，壇北布之，以己血畫之，髮上豎、怒形、四臂，一手掌髑髏，第二手娜拏，第三手人頭，第四手杵衣虎皮褌。黑月八日大寒林中布像，以黑飲食、赤花供養，行者蹲踞坐，以灰畫捨覩嚕，血和芥子置一髑髏中。行者於捨覩嚕上蹲踞坐。以建吒迦薪棘也作火壇，進血芥子於中晝夜，非反麼囉寧，三夜作一家，七夜作七族，一月夜尾囉也。

「若墓田或殯宮布之，蹲踞坐，進鹽和血於建吒迦火中，一千八摩囉寧。若布像，像前以灰或炭或稻糠灰，畫彼形，心上坐，進血和灰於寒林殘薪火中，晝夜。家摩囉寧若七夜。

「若寒林中布像，取其炭末和水，作捨覩嚕，佉䭾羅木橛長兩握，塗血，於釘怨仡哩娜，乃坐橛上，持明一千八，日三時，滿三日，摩羅寧。

「若行者內衣於血中拔之，水立至臍，持明血乾，拔亦然。若寒林中布像，犬肉、芥子油和，進火中一千八，經十五日，摩囉寧。

「復次，扇底迦壇，於淨室或河岸，作方四肘，准前壇樣圖之。當中畫金剛部母，右畫金剛拳明妃，左畫金剛鎖明妃。部母前一角內，大威力烏芻瑟麼明王，一角內金剛手菩薩，四角內及壇心，皆布阿樞迦葉。葉上各安一水瓶，以香花飲食供養，用鉢羅奢薪作火壇進酥，稱麼麼雞明滿一千八，又進牛乳，每遍稱烏芻瑟麼莎嚩訶一千八，官事散病愈矣。

「若准前七日作，國內疫差，若壇前油、麻油、酪蜜酥和進前火中，日一千八，七日病差事散。

「若依前立壇布像，取像內牛乳中，出之又布，進牛酥於前薪火中一千八，瓶盛少香水加持七遍，將瓶就彼病人處，以灑彼面，云：『願汝即差。』其瓶滿盛清水置壇中，持一千八令浴之差矣。若烏曇跋羅木作匙，先三誦三策酥，乃進阿說他薪火中，次一誦一進稱彼病者名一千八，差矣。

「若加持粳米飯和乳，與食，經七日，差矣。若依前布壇像，截烏曇跋羅枝一內乳，進審銘薪火中，一千八，經七日，彼差。

「若布像，取油、麻油、酥蜜酪和，進審銘薪火中，一日一千八，經七日，摩囉寧。若進乳於審銘薪火中，滿萬摩囉寧。

「若內像於乳或酥布之，進乳審銘火中，又加持香水灑彼，面差。

「若酥煎美餅及酪蜜酥乳等供養像，以粳米飯和酪或酥乳蜜和，進阿說他火中，日三時，時一千八，滿七日，致富。

「若佛殿或神廟中，依前供養像，進龍腦香於穀木火中，日三時，時一千八，滿七日，七寶、六畜增長。

「復次以白檀、香木刻本尊長六指。行者頂戴水中立至項，晝日持密言，家內行疫鬼死，三日作，城內疫差鬼去；七日作，境內差鬼去。若以阿說他木，與前壇像作座，以牛糞於路上作壇，安像供養，然牛酥燈，像面向西，行者面東，坐草團上，捧白檀香水以奉請，密言加持七遍，迎本尊降入像中，蒸底華（一名蘇末那）一內乳中，進火中，晝夜當莊內疫差，七夜作，國內差。

「復次以鬱金畫本尊，行者受八戒持齋，頂戴像設幡花燒香供養，引之右遶莊一匝，疫差。

「復次按俱吒木或阿說他木刻本尊，於四衢路以香花、飲食供養，人髮并骨末之，進按俱吒火中，日三時，時一百八，遍當莊疫差。

「復次補沙宿直日（唐云鬼宿），飲食香花供養，阿說他樹用取其北引根，牛五淨和少清水，持莖草揩洗之，或鬼宿直日，市紫檀木依前洗之，日日初摩一方檀，置木及所刻像刀斧等，於中以根本密言加持紫壇木，香水七遍洗之。行者八戒十善，壇西進酥於火中七遍，結根本及娜拏印，令匠於壇中速刻本尊，左手持杵右執娜拏，怒形右視如立勢，如立根本印，行者在側持明勿絕，令白月畢，以檀香水浴之，以飲食香花供養，以彩色嚴之，像額間點赤或黃，至來月一日，開目立壇，以飲食、安悉香、花供養三寶，其日於壇像前，起首持明十萬，乃候日蝕立壇布像，像面西，飲食、紫壇、香、花供養之，燒安悉香，結娜拏印加持之，印焰起，入行者頂，持明王，有聲見用。

「若或河側供養本像，作佛手一磔量佛手一磔，今人之三磔，以二尺四寸准也制帝十萬，誦密言三十萬遍，乃以黑月八日或十四日供養加持，焰起為明王。

「復次黑月八日，依儀供養按俱咤樹，取其根本尊，右手舒五指，以掌拓心，左手持杵，左足踏毘那夜迦，右足踏娜拏，令娜拏一頭押毘那夜迦，取按俱咤花和芥子油，進按俱咤火中，晝夜令滿一萬遍，夜半作大聲現，候至午。法馱羅木和芥子油中，進按俱吒火中一千八，滿七日，毘那夜迦死，若進乳於火中一千八寂災。

「若以蟻墳土作毘那夜迦形，應肘量，大寒林中立壇置形，於法馱羅木長十指，和毒藥及血，進法馱羅木火中，滿萬遍，夜半形作大聲得其悉地，後作毘那夜迦法皆成就，不被惱亂。

「復次於應肘量緤上，畫大威力明王，左上手掌髑髏，下手竪頭指擬勢，右上手持那拏，下手執杵，像前畫一毘那夜迦蹋跪拿掌，左足下踏一毘那夜迦，立壇布像，以赤花、飲食、紫檀、香供養，取一內進苦練火。當乃諸惡鬼神以種種形，見作吒訶吒訶聲，慎勿懼，毘那夜迦啟言：『有何事喚我。』勿與語，得毘那夜迦悉地。後無畏難，若被毘那夜迦作障難者，像前誦一千八，難止，若水立至項，結娜拏印，誦一千八，彼眾退散。

「若取五穀及新果并名香，置一瓶中，滿盛清水以菴羅葉塞口，牛糞摩壇，置瓶於中加持一百八遍，若毘那夜迦為病，或遭鬼魅。或年十六已下人，諸鬼神所中者，浴著，婦人過月不生，浴之即產，薄福之人浴之，罪滅致富。

「若加持菖蒲根一千八，口含訴訟得理。若進阿鉢羅指多花火中，滿一萬辟兵，若誦密言七遍，以頂上少髮作一結，辟兵若童女，合緤花線作七結，繫臂不為諸毒所中。

「若鬼魅所中，加持水灑其面，結娜拏印持明差矣。若治毒、加持清水灑彼面若未差，或加持苦練葉七遍，掃彼身差。

「若為諸龍所傷者，加持清水一百八令服之，差。若惡瘡、丁瘡、加持土七遍，和水塗之，差。

「若遇怨敵結娜拏，印誦明一百八，彼發善心相向，若止惡害亦爾。若為人抵犯者，結娜拏印，彼不能語。

「若恆憶念此密言者，本尊隨逐，眾魔不近，止盜賊、源火、辟五兵、延年。若欲食，先加持之七遍，服之辟眾毒。

「若人患心狂或為人厭令爾者，結娜拏印彼耳邊誦七遍。若療前狂病，以二瓦椀相合結娜拏印，彼耳邊誦七遍撲破其椀差。

「若療痃癖，加持烏麻油七遍，塗腹差。若加持淨水散於十方，一誦一結練線滿七繫臂自護、護他。

「若自經穢，但誦之解矣。若加持右大拇指七遍，以其印額，誦一遍；次右肩，次左肩，次心、次喉成護身，辟師子、虎、狼及諸怖畏。

「若晨朝沐浴以華供養本尊，誦一百八，辟兵災橫，見歡喜。若有官事或怖畏，依前供養，持明止矣。

「若國家大兵敵者，布像內阿波末哩迦牛膝子，酥蜜酪中進阿波末哩迦薪火中，滿萬敵退，若療藥毒牛糞作壇布像，截法馱羅木二十一枚加持七遍，點芥子油進火中。

「若中鬼魅，加持一瓶清水一百八，令浴差。若被禁繫，持密言枷鎖解脫。

「若療癩，加持紫檀香一千八塗之，差。若菖蒲根末和蜜，加持一千八，服之，療冷癥。若患瘧，加持恒山花一千八，令頂戴，差。

「若患癲癎或及惡風者，進萎花於法馱羅木火中一千八，差。

「若令童子沐浴塗紫檀香，衣以新衣瓔珞，牛糞塗壇，遍散赤花，令頭戴赤花鬘，加持赤花七遍，令捧而掩目，焚安悉香，結娜拏印加持，本尊降問事。

「若步多鬼中者，素囉娑藥和香燒，結娜拏印加持彼，被縛赦之差。若芥子末塑彼形，割進火中，令形支七日，摩囉寧。

「若寒林，灰於髑髏上，畫彼人，寒林柴火炙之，持明如火，七日內摩羅寧諸術不解。

「若寒林炭和水塑彼形，或以其炭畫之，以釘釘口加持二十一遍或一百八，不能語。

「若依前塑畫，口上燒苦練火，心上坐，毒藥、血鹽、芥子和，進火中一百八，同前。若准前塑畫，頭上坐，心上燒，火摩羅寧。

「若依前塑畫，釘心腳上坐，澆水於釘上滿一百八，水病摩羅寧，若去釘加持乳一百八與之浴復。

「若加持素尾爛戰此藥青色似鐵生末一百八，塗目，見者貴敬。若加持清水一百八，洗面，謁王貴敬。若加持清水一百八，洗面，訴訟得理。

「若蛇皮進苦練根火中，或法馱囉木火中，日三時亦一千八，滿七日，摩囉寧。若於淨室或四衢路中或寒林中，日午截鵄翅進摩訶迦羅火中一千八，如鵄飛。

「若進乳於火中一千八復。若離合三日絕食，午時進蛇肋骨於迦赦惹火中，一千八，滿七日。

「若已血毒藥，夜半進寒林，薪火中一千八，經七夜，摩囉寧。若誦部母密言，進酥火中一千八，又誦根本密言，進牛乳於火中一千八。

「若先三日不食，大自在天王廟中有名相處布像，先廣設供養，便眠夢本尊告言其處有伏藏可取之。

「若黑月八日夜半，淨室或寒林中，血和毒藥，一內摩咄囉子，進摩咄囉火中，一千八滿七夜，烏嗟娜囊若進酥於火中，一千八復。

「復次，像前先誦十萬遍，三日勿食，第四日二時，入水中立至喉，結娜拏印或打車棒印，或杵印或羂索印或劍印，持明王至夜半出於岸側，以莽度迦薪唐云甘草充火壇，先以莽度迦木刻其印，一內木印於酥蜜中燒之，至止後以印，印山山碎、印海海竭。

「若蛇咬，印之彼，求哀赦之，瘥。若印人，彼被縛。若印枷鎖，即得解脫。若印毒藥服之，無苦。若欲作一切法以印助之，速驗。若惡人相向，作瞋心印之，彼吐血或失心。

「若患鬼魅及風癎，加持黃芥子七遍，打面差。若進虎爪火中七遍，不被虎傷。若加持苦練根一千八，繫臂無一切畏。若加持摩訶迦羅根一千八，置門頰上，一切鬼病不入。

「若加持頂上，少髮作一結，一切處無怖畏。若絕食一日，黑月八日或十四日，制底立壇安像供養，於金剛部母前燒安悉香，誦一千八，便敷草根，吉凶具告。

「復次止雨，以紫檀作壇，布像，香花飲食供養，持明止矣。若惡雨、雪、雷、雹，結杵或娜拏印，持明止矣。若祈雨黑月十四日，大河側以蟻墳土塐龍，籠葉芥子油和遍傅之，以足加龍首，結娜拏印加持之，盡日止雨足。

「若以牛皮白月五日，寒林炭末和水傅皮，白土作龍，龍前一日，三時時一千八，進苦練葉於火中，經七日雨足。

「若前法不驗者，寒林中以其炭畫作四肘方壇，開南門，於中畫大威力明王，前畫三五頭龍，龍皆首北，次南畫一池，池中青蓮華，次池南又三五箇龍，龍亦首北，四角內各畫一池，池內青蓮華并三兩箇，龍門內畫一龍，七首首北，以毒藥末和血，內緤花子於中，進火中滿一千八，諸龍以蛇形而現宛轉于地，語令急下雨，加持水七遍，灑龍赦去雨足。

「若誦金剛部母密言一千八，白月七日於制帝布根本像，以飲食香花供養，芥子和酥進火中一千八，罪障清淨。

「若以穢處土和水成彼形，行者每小遺，其上一遺，加持一百八滿七日。彼貧賤，若勃哩孕迦花摩勒迦末及清水置瓶中，勃哩孕迦葉塞口，加持一千八，今浴復。若加持花或果一千八，贈人貴敬。

「復次應肘量緤，晝夜叉女，勿用膠美白淨色，瓔珞、鐺、釧、天衣嚴飾，右手施願，左手執阿樞迦葉，布此像於阿樞迦樹下。面北立壇，以惹底花或勃哩孕迦花并飲食供養，心密言加持香燒之，行者面南，草團或花葉上坐加持，阿樞迦花一遍，擲像上，滿七日，以第七日夜半，於像前一內阿樞迦花酥蜜酪中，進阿樞火中一千八，現獻紫檀閼伽如願母打額姊妹打喉妻打心。

「若一日不食，黑月八日或十四日午時，寒林中，介子末成彼咒師所尊形，遍塗毒藥於刀子刃，加持一千八遍，稱彼尊名，因截形為兩段，彼失驗。若准前成形，加持乳一千八，浴之如故。

「若寒林中以生酥成彼尊形，加持五釘各一百八，稱彼尊名，於額及兩肩、喉、心各釘一釘，彼失驗，去釘如故。

「若瓦椀中，以寒林炭畫彼形、尊形，又以一瓦椀蓋之，取黑羊毛線纏椀，加持一千八遍，彼咒師身如被縛失驗。

「若有諸咒師能為大神通者，寒林中，寒林炭和毒藥末之，進其薪火中一千八遍，稱彼名失驗。若誦金剛部母密言，進酥於火中一百八，稱彼名如故。

「若先三日不食，寒林中或淨室或四衢中，紫檀香、青木香末和水，壇迦那，以寒林炭和毒藥，充火炙形，加持一百八，相親彼障患癩，依前加持水瓶令浴，差。

「若旗幡上寫密言，持之入陣，辟兵。若以樺皮寫密言置髻中入陣，刀箭及身猶如散花，有何患也。

「若紫礦末和水，一內勃羅得迦子於中，進竹火中一千八，諸咒師欽伏。若以人骨代勃羅得迦緤，准前行者身安寧。若紙或樹皮寫密言，頭戴辟兵。

「若加持土塊一百八，擲於水中，然涉之，水性之屬，不能傷人。若加持緤花線一百八，次誦一結，滿七繫臂，路行辟劫盜。

「若以木刻金剛杵一千八，先一日不食進火中令盡，一切金剛部法成驗。若霹靂木刻作三股杵，有大雪、雷、雹降，右手持杵降山或他境雪等移往其處。

「若以摩咄羅莖刻杵，立壇置中，人髮供養之，取一樹果一千八顆，以其樹充薪，進果令盡炬瑟吒。

「若以貓糞，代進摩咄羅花於草麻火中，一千八，去白佃風。

「若鹵土酪和置鎗，用摩娜那薪火煮之，去鎗，進粥於鎗下，火中一千八，留殘粥後取少分和食，與之同前。」

附錄五

《大威力烏樞瑟摩明王經》卷下

北天竺三藏阿質達霰譯

心密言事法

「復次求心密言成驗法，行者不拘淨穢、食與不食，持滿十萬，當得悉地。

「若取線一加持一結，一千八遍，戴之自護護他；若加持黃芥子或灰或水，散十方辟魔；若加持頂上髮作髻，所至之處皆獲勝利；若加持衣角，七遍作一結，訴訟得理。

「若遭囚閉枷鎖，心誦真言即得解脫；若良田土及灰，以蜜和之加持，塗一切瘡生肌。

「若梵羅剎中人至困者，結心印持明，差。若旃陀羅家，灰滿盛鉢中，毒藥末和水加持，灑灰上置地加持之，旋轉捕盜。

「若黑月八日魚肉及血，祀摩醯首羅右邊夜叉面，執人骨橛加持一千八遍稱彼名，擣紅、藍花汁塗橛，用釘入地烏蹉娜曩。

「若加持鵄脛骨一百八遍，釘彼門下如鵄飛。若絕食三日，黑月八日或十四日，寒林中以其灰布彼形，法馱羅木橛五枚，各加持一百八遍，釘額、喉、心及兩肩摩囉寧，不者以一橛釘支節，少沙。

「若離合黑月八日，日方午或夜半，進寒林，灰於苦練樹皮火中一千八遍，若夜半蛇脫皮鼠狼肉，一內芥子油中，進摩阿迦羅火中，經七夜尾娜末沙曩。

「若離合進俱耆得雞果於勃羅得迦火中，一日三時時一千八遍，至滿七日。若寒林中或淨室中，進勃羅得迦果於水拏迦火中，一千八遍辟大力鬼神。

「若勃羅得迦子青木香和油、麻油，進勃羅得迦火中一千八遍，至滿七日矩瑟吒，加持紫檀香一千八遍塗之；復若灰鹽、毒藥末和，進火中一千八遍痃辟。

「若一日不食，黑月八日，寒林灰和魚膽作人形，割進法馱羅火中，夜半起貴敬。

「若三日不食，黑月十四日，寒林立壇以香、赤華、赤飲食供養，以己血於髑髏上畫迦那，寒林炭火炙之，仍加持一千八遍自至。

「若夜半進稻穀末於火中，一千八遍烏柘吒曩。若寒林中花鬘、蛇皮和，進火中一千八遍入嚩囉。

「若進胡椒於火中，一千八遍悉多哩，貴敬。若微赦迦及摩那果，內芥子油中，黑月八日寒林中進其火中，日以三時，時一千八遍，至滿七日，彼即貴敬。

「若夜半被髮，苦練葉并子和牛尿，進火中一千八遍，三遍烏柘吒曩。

「若黑月八日，寒林灰塑人形，本尊前割，進佉馱羅火中即至，加持果七遍，贈之轉貴敬矣。若麼沙己血和鹽，進經用齒木火中一千八遍，囉拏貴敬。

「若每晨誦一千八遍，常得安寧。若介子鹽血和，進經用齒木火中一千八遍，囉拏貴敬。若午時薰胡翅和芥子油，進苦練木火中，一千八遍烏柘吒曩。

「若寒林中禁語，誦十萬遍訖，三日不食，白月八日或九日，以人左肋骨，用紅藍花汁畫彼形，寒林火炙之加持，彼自空而來。

「若淨室或寒林已，指甲、蛇皮、薰胡毛和作香燒，供養跛吒，寫誦經七日，烏柘吒曩。若水中立至膝或腰，一內薰胡毛於人脂中，日時三千八遍，經一七日，烏柘吒曩。

「若芥子脂遍己身塗之，以芥子末拭取成彼形，寒林中割進其火中，經一七日，矩瑟吒。若鉢羅奢子及麼娜子和，進火中一百八遍，矩瑟吒。

「若得莽囉葉嚩囉伽得嚩稱及咄嚕瑟劍蘇合香也為末和芥子油，進火中一千八遍，令眾人貴敬。

「若於寒林中以紫檀作壇供養，行者坐髑髏上，犬肉和芥子油，進寒林火中一千八遍，毘舍遮眾見隱及長生藥、一切所索。

「若寒林灰和犬脂成形，一髑髏中著犬脂置形頭上，行者坐髑髏上，進屍髮於火中一千八遍摩囉寧。

「若一切大怖畏逼身，憶念此密言止之，若日誦一千八遍者，辟官事及大力鬼神、虎、狼、師子。

「若路行日誦一百八遍，免劫盜；若遭官事，誦一萬遍，枷鎖解脫，長吏相容。若被囚禁，但誦此密言即得解脫，若疫病以粳米飯和酥，進火中，一千八遍止。

「若加持牛黃一千八遍，塗額見者貴敬。若進安悉香火中十萬遍，羅剎貴敬所求皆遂。若安悉香和松膠，進火中，十萬遍，大聖金剛手菩薩隨心所願。

「若紅蓮華鬚、青木香酥蜜和，於獨樹下進火中滿十萬遍，大威力明王現其人前，隨心滿願。若寒林中犬骨和犬脂，進火中一千八遍，摩囉寧。

「若鵄翅薰胡翅和，進火中一千八遍，尾娜末沙曩。若摩怛曩子和蛇脂進火中，一千八遍，烏蹉娜曩。

「若供養本尊黃芥子和烏油麻，進火中，一日三時，時一千八遍，經一七日即貴敬。若鹽和芥子，進火中，日三時，時一千八遍，經一七日，國王貴敬。

「若髑髏末和寒林灰作形，割進火中，入嚩囉。若髑髏末、薰胡毛和，進火中，每日一千八遍，經一七日，尾娜末沙曩。若髑髏末鬱金香和芥子油，進火中，進火中，一千八遍，入嚩囉。

「若鴟肉和雌黃，進火中，一千八遍，烏蹉娜曩。若內鉢囉奢子於滿拏迦脂，進火中一千八遍，矩瑟吒。若獨樹下，進茴香花於烏曇鉢囉火中，十萬遍，得金錢一千文。

「若以惹底花准前燒，為持明王。若燒蓖麻子一千八遍，囉拏貴敬。若審銘花和酥蜜酪，進火中，一千八遍，當家疫散。若勃哩孕迦花和酥蜜，進火中，一千八遍，當家疫散。若截杉木進火中，成扇底迦。

「若進迦羅尾花於大河水中，滿十萬遍，候月蝕時布像，以飲食迦羅尾花供養，又進其花於水中月復止，其夜勿睡至曉後。

「有蛇傷，縱已，終者但加持之，再生益壽；若令其蛇轉傷人不得。若月蝕時於本尊前，加持麼沙令焰起；若人中毒，以麼沙於病者前，掉三兩遍病差延年。

「若鬼瘧時氣等，依前掉麼沙差。若取眾名花和清水置瓶中，加持一千八遍，浴之增福破魔護身，毘那夜迦為障者差。若以紫檀香塗壇，加持童子本尊降問事。若白芥子以身血相和，進火中，一日三時，時別一千八遍，稱彼名貴敬。

「若以鹽作彼形，從右腳捻，進火中，一日三時，時一千一百八遍，滿一七日，王者貴敬。若但稱彼名，一日三時，時一千八遍，滿一七日，欲召帝釋猶尚得至。

「若鹽和己身血，進火中，一日三時，時一千八遍，遍稱彼名，滿一七日，貴敬。若進油麻於火中，一日三時，時一千八遍，遍稱彼名，滿一七日，貴敬。」

爾時，薄伽梵金剛手菩薩摩訶薩，告諸眾言：「我此廣大壇法，三世諸佛皆所傳說，我今復陳此法，能利益人天及諸有情，若登其壇皆成大驗，不擇時日任建立之。」

爾時，天龍八部、人及非人咸皆歎言：「此壇功力量等虛空，難可籌量無以比喻，唯願慈悲為我等說。」

爾時，薄伽梵知眾樂聞，告言：「欲立此壇，其阿闍梨相身須清潔柔和質直，具忍辱行深信大乘及陀羅尼，戒珠無缺聰明利智，起慈悲心仍好供養，乃於山林或大海側或泉或河大池等側，牛欄獨樹或寒林制帝及花林中，若在城隍近東南角或西北隅，如是等處取便而作，以牛五淨和灑其地，或用香水又以牛尿和糞摩之。

「其壇四肘或八十四或二十肘作四門，西門、北門是往來道，階高四指，四角內畫金剛杵皆焰起，壇中首東畫佛，當結跏趺處蓮花座，兩肩及光皆有焰起，左手大指頭指把少袈裟，餘三指微拳，其掌向外以手近脇，右手揚掌；佛右，畫大力烏芻瑟麼明王，四臂，右手拂，下手執娜拏，左上手並舒五指，側手近額，微低其頭作禮佛勢，下手赤索，目赤色。

「次右金剛手菩薩，次右素婆明王，於菩薩左，阿蜜哩多軍荼利明王，次金剛劍明妃、次金剛鎖明妃，於素婆明王左磨麼雞，於金剛手後畫明王等心，心即半月也。所謂計里吉攞明王，娜囉尾拏明王，囉迦當伽明王，嚩日囉尾娜囉明王，嚩日囉嚕娜囉明王，波囉摩纈哩乃耶明王，摩訶戰拏舍者明王，佛左觀自在菩薩，次右波拏囉嚩細寧，次後多囉及毘俱胝明妃菩薩。左馬頭王大怒形，次左大吉祥天女，次左摩訶濕吠帝遶佛住，畫諸大菩薩。

「西門裏左右各畫一忿怒：南邊者一手執打車棒；北邊者一手杵，一手娜拏；東門內北邊青金剛，一手豎擬之；南邊阿吒吒訶索笑勢，南門內東邊惹瀾多者嚕；西邊波娜寧寧估廁波，北門內東邊訥馱囉沙，西邊訥惹庾，此門內並是忿怒者。

「外壇東北角伊舍那天王以伽那眾圍遶，東方日月天及提頭賴吒并帝釋等，東南隅火天以苦行仙圍遶，南方閻羅王及那羅延，西南隅寧李帝羅剎圍遶，西方龍王以諸龍眾圍遶，西北隅風天以風天眾圍遶，北方毘沙門天王以藥叉眾圍遶。

「於佛前置灌頂瓶，阿闍梨洗手訖，三度抄水向口，又以名香塗手，結請佛印并密言，又請諸尊，以飲食香華，供養寧李帝，通用麼娑，壇西以乳木作火壇，阿闍梨先請火天，於火爐中安置訖，乃以蘇蜜酪和油麻，一加持一進火中，供養二十一遍或一百八遍。

「心念火天，於火壇側東南，方坐乃請佛於火爐中坐，進准前物二十一遍或一百八遍，次請佛却歸本位，佛部畢。次供養蓮華部眾，一一諸尊；次金剛部，一一諸尊；次大自在天王，次一一諸天依次而請，燒准前物而供養之；又請火天就爐供養，乃請火天歸其本位。

「其行者當先洗沐衣新淨衣，受戒懺悔發菩提心。以帛掩目，阿闍梨加持香水灑行者頂，引入西門，令結金剛三昧耶印，置華於印上。阿闍梨誦金剛三昧耶密言七遍，令行者耳聞，便使散花，華所至處阿闍梨告言：『著某尊，汝與彼尊有緣。』

「阿闍梨次法為請行者本尊，就火爐，令行者在阿闍梨右跪坐，執其手令以右手，進酥等於火中七遍充供養，阿闍梨奉送本尊歸本位，以行者擬授密言，加持灌頂瓶一百八遍，令行者結本尊印，印頂口誦密言。阿闍梨與灌頂告言：『灌頂已畢，各依本法而作事業。』乃示之種種印契及諸法要，阿闍梨乃讚歎諸佛菩薩功德。

「又以飲食香華供養諸尊，發願懺悔，次依前先請火天，燒准前物供養，次供養佛部二聖眾，次蓮華部，次金剛部，次諸天；乃奉送佛部，次蓮華部、次金剛部、次諸天，阿闍梨舉燭，引諸行者照壇內，示佛菩薩及天等位，乃泥掃之，凡作壇日未出前畢住。若登此壇，即如入一切灌頂壇訖，同功罪滅福生辟諸業輪，降伏人天所作皆驗。」

時，薄伽梵說此大威力明尾裹多銘壇已，一切大眾咸共讚言：「善哉！善哉！威德無過饒益我等，故今說斯要。」

復次薄伽梵金剛手說大威力密言相：「大威力根本密言曰：

唵　吽吽吽　頗吒　頗吒頗吒　鄔仡囉戍攞播寧　餅餅餅　頗吒頗吒頗吒　擾羝寧囉曩娜　餅餅餅　頗吒頗吒頗吒　沙嚩訶

「心密言曰：

唵　吽　頗吒頗吒頗吒　鄔佗囉　戍攞播寧　吽吽吽　頗吒頗吒頗吒

唵　優羚寧囉曩娜　吽吽吽　頗吒頗吒頗吒　唵唵唵　摩訶麼攞　娑嚩訶

此密言凡五唵七吽九頗吒梵文十七字娑嚩訶不入數。

「復陳教法能作一切事，以三金作蓮華，往山頂加持三十萬遍，當得悉地。手持其悉地蓮華，身成大威力，若作輪或杵或三股叉或加那，准前加持七十萬遍，能遊四天下，加持一百萬遍遊三十三天，二百萬遍成持明輪王，夜摩兜率及與諸天皆大順伏，能作一切事法有大威力。

「復次畫像，市緤勿經截割者，不用皮膠，於中畫像佛，處師子座手說法相，其右金剛手左持杵，右問法相通身青色，佛左威力一手執拂，其次施願，於下畫行者，右執香爐左持華籠，瞻仰大威力。於此像前每日誦二十一遍，經六箇月遂成先行，悉地所願皆遂。」

復次薄伽梵金剛手無比勇健前密言相，所謂頭頂甲胄頂髻坐等，奉請密言曰：「歸命三寶及金剛手

唵　縛日囉俱路馱　摩訶戰拏　訶曩娜訶跛者　尾馱望娑也　噎係曳呬

若除噎係曳呬安孽車孽車成奉送密言薄伽嚩　訶曩訶曩　娜訶娜訶　跛者跛者　尾

馱望娑也　范嚩乃殿覩見反娜囉　布爾多　薩嚩多麼耳多　薩嚩多麼惹　蘇嚕

蘇嚕　矩嚕矩嚕　母嚕母嚕　屈嚩屈嚩　摩訶屈嚩摩訶屈嚩　矩曩知矩曩知

曩知曩知　賜儞賜儞　吉儞吉儞　佉佉　佉奚佉奚　區囉區囉　覩吒覩吒

訶曩訶曩　步多跛帝　阿蘇囉補囉　尾馱望娑曩迦囉　烏樞瑟麼俱路馱　摩

訶麼攞　馱麼馱麼　迦羅迦羅　矩嚕矩嚕　吽頗吒　蘇嚕蘇嚕　吽頗吒　訶

曩訶曩　吽頗吒娜訶娜訶　吽頗吒　跛者跛者　吽頗吒　纈哩　吽吽吽　頗吒

娑嚩訶

「心密言曰：歸命畢。

唵　嚩日囉俱路馱　摩訶麼攞　訶曩娜訶跛者　尾馱望娑也　烏樞瑟麼

俱路馱　吽　頗吒

「甲冑密言曰：

唵　薩望伽髯　摩訶帝髯　嚩日囉舍寧　嚩日囉播舍　麼那鉢尾蛇　薩嚩努瑟鐮　娑擔娑擔　婆也婆也　吽　頗吒

「器仗密言曰：

唵　蘇嚕蘇嚕　烏樞瑟麼俱路馱　訶曩訶曩　吽　頗吒

「頂髻密言曰：

唵　始哩始囉　摩里寧　始儞　始儞始儞　始儞　吽　頗吒

「頂密言曰：

唵　入嚩攞　入嚩攞　薩嚩努瑟鐮　婆擔波也　娑擔婆也　努囉柘羅努瑟鐮　寧嚩囉也　囉訖叉囉訖叉　滿馺嚩訶

「坐密言曰：歸命畢。

唵　娜難多尾惹也　摩訶戰拏　吽　頗吒

「心中心根本明曰：

唵　嚩日囉俱嗂馱　摩訶摩攞　訶曩娜訶跛者　尾馱望娑也　尾馱望娑

也　惹智攞濫耄娜囉　烏樞瑟麼俱路馱　許　頗吒　唵　地哩迦

「復次薄伽梵無量廣大力，難踰越契相。薄伽梵根本印，先以手背相著乃交指，小指及大指自相合如針，大開掌，根本印二大指雙指之。奉送印、改請印、大指向外彈。剪刀印，先並二手，屈小指，以大指押甲上如環，乃二環乃相拘握之，頭中指並舒，右中指押左頭指側，如剪刀股形。徐動其股右轉三遍，并誦密言成結界，若左轉三匝成解界，用大心真言。

「制止印，右手作拳，直豎大指，若有忿怒者，誦密言以印降之，彼被制止，用大心真言。

「棒印，二手各以大指押、中、名、小甲成環，二環極力相握，舒頭指如針，用大心真言。頭印次前棒印，舒二頭指屈中節，乃以頭相拄。頂印如前頭印，舒開二頭指，用大心真言。

「甲印准前頂印，各屈頭指用印五處，即同被甲。牆院印，次前甲印，舒二頭指，即同以牆院遶。鉤印，次前牆院印，各屈二頭指如鉤，徐招之。

此印能呼召二足、四足類、用大心真言。

「驚怖印，如鉤印，乃舒左中指，一切鬼魅悉皆驚恐，用大心真言。頂髻印，次前驚怖印，二頭指相交入掌，二中指微屈第一節頭相拄，此印持誦時用之，能除難調伏者，用心中心真言。

「普焰印外交指，以小指相合如針，微屈大指各捻頭指甲側，微舉餘指如焰形。杵印，雙手內相交為拳，舒左中指，右頭指如針，用大心真言。

「打車棒印，右手握大指為拳，徐步右轉以左足頓地，向左亞身忿怒顧視，一切卒忤退散，阿修羅關鍵開闢，用大心真言。

「重杵印，外交指合掌，頭、名、指各為股，散舒大、小指如五股重杵形，置頂即同灌頂，亦令貴敬亦能攝召，亦可舉印於頂以水灌之，能滿一切欲，用大心真言。

「羂索印，右手、左拳，以大指與頭指相捻如環，以左手握右腕。鉞斧印，舒二手五指，覆左掌仰右掌，以右小指拘左小指，其無名中指亦然，乃轉腕向合拳，左大指入右虎口中，以右大指押左大指側，正立以右足頓地，向右亞身，辟一切卒忤開阿脩羅關鍵。

「復次畫像法。用應肘量緤，畫大威力明王，通身黑色焰起、忿怒形，左目碧色，髮黃色上豎，咬下脣狗牙上出，衣虎皮褌，蛇為瓔珞；四臂，左上手持杵，下羂索，右上手並屈豎頭指擬勢，下手施願，眉間顰蹙其目可怖，置象黑月八日或十四日，以赤華飲食供養，置雄黃等藥加持，取三種驗功力同前。

「若於山頂布像，誦十萬遍，後有業輪稱吽字止矣，關鎖開解，摧山竭海。若於吉祥門首布像，芥子和己血進火中，一千八遍，脩羅女出，執行者入其宮。

「若以牛五淨洗麼沙，月蝕勿看月，口含持明，復止。麼沙生牙，後以擲人相敬；不生牙擲人，尾娜末沙囊。

「若黑狗舌搗安悉香和丸，以三金緤裹之，勃羅得迦木天漆此漆通合子盛之，黑月八日或十四日，持金剛像前，加持一千八遍。藥有佉吒聲，後口含藏形，壽千歲。

「若油麻素悉多哩形，從左足割進火中，令盡貴敬。若鹽為彼形，從右腳割進火中，貴敬。若加持華或果或香，贈人貴敬。若加持眼藥一千八遍，塗目，見者貴敬。若進遏伽華於火中一千八遍，日三時滿七日，能召夜叉女。

「復次素皤明王密言門及諸法要密言曰：

曩慕囉怛曩怛囉夜也　曩慕室戰拏嚩日囉播拏曳　摩訶藥乞叉細曩跛多曳　唵　素婆　儞素婆　仡哩恨拏　吽仡哩恨拏播也　吽　阿曩也　穀薄誐鑁　尾儞也邏惹　吽　頗吒　娑嚩訶

「若人於此密言求成驗者，依求大威力明悉地法，用功當獲成驗。若人為鬼神所忤，行者到，彼當即自差。

「若加持灰黃芥子或清水二十一遍可以護身。若取十一塊土，各加持二十一遍，擲十方餘一成護身，路行作此法者，盜賊不劫。

「若加持緤線作結，滿二十一帶之護身，小男女為鬼魅所中作此法差。若七色種子名香和水，盛瓶中加持一百八遍，浴之增福，眾人樂見。

「若療鬼魅立方壇，以香水灑水，燒安悉香坐病人加持之，又加持水七遍灑彼面，彼大叫，彼撲如不語，又灑之語矣，如誑即蟻墳土塑病者形，加持七遍，以杵擊形首。實說，若言不捨此人，即小五金之類和作刀子，從形腳段段割令盡，空中血下鬼死病差，或進鹽於火中一百八遍，稱病者名鬼死病差，或苦練木截進火中一百八遍，鬼死病愈，或芥子油和芥子，進火中一百八遍，鬼族滅。

「若七色種子和，進火中，每日三時，時二十五遍，加那貴敬。若加持迦羅尾莖七遍，擊伏藏七下，寶自涌出。若人門上骨或泥作杵，以辟惡及業輪者，准前莖擊之，杵成微塵。

「若一切怖畏逼身，誦一千八遍，止矣。若遏伽華和酥蜜酪進火中，每日三時，時一百八遍，王及大臣貴敬。

「若進苦練葉於火中，一百八遍，尾娜末沙曩。若油麻、稻穀、華酥蜜酪和，進火中，一百八遍，貴敬。

「若除油麻餘依前，一切迦那，見者貴敬。若大敵來伐此國者，阿嚕奚得迦杖，截內酥蜜酪中，進火中一千八遍，兵敵退散，若一一依前稱己名，夜半起，論訟得理。

「若進麼蹉於火中一百八遍，尾娜末沙曩。若進鼠狼薰胡毛於火中，一百八遍離合。若進猴毛於稻穀檜火中，一百八遍家鬪。若鵄毛野豬或鹿毛和，進火中，一百八遍，美女失容。

「若三日不食，步多木合子盛白芥子，寒林中掌而加持芥子，涌出土落地者，不涌出別貯之，後以涌者擲打人縛撲，以不涌者擊之如故。

「若進阿囉嚕，迦華或灰於火中，一百八遍，摩囉寧。若童子合緤線，一加持一結一百八結，縛彼咒師悉地。若依前線作十一結，又一加持稱彼名，一截滿十一段，彼七生不成悉地。

「若一日不食，旋覆旋華餉迦華、白胡椒和末之，制帝前加持二十一遍，和蜜服之，得大聰明、利智。若先亡日不食，於制帝供養，乃淨室中獨坐，誦一百遍，先亡來現如生。

「若三日不食，於制帝布金剛手像，誦一百八遍，夜靜草上首東而睡，金剛手見種種身滿願，眾人貴敬。若加持菖蒲根二十一遍，口含誦訟得理，若迦羅尾羅末敷華和酥蜜酪進火中，每日三時，時一百八遍，經七日，得好婚。

「若安悉香和酥蜜酪，進火中一百八遍，當家飲食穀麥無竭。若大河中立水至腰，進華於火中，像其華色得衣一事。若欲知三世未然，心念而睡，本尊夢中為說。

「若孕過月，加持水一百八遍，令服產矣。若蟻墳土塑杵，摩訶麼娑二十一臠，臠一加持燒熏杵，烏蹉娜囊。以炒稻穀華酥蜜酪和，進火中一百八遍。復若進寒林灰於火中，稱毘那夜迦名一百八遍，夜迦死。

「若截審銘枝，進火中一百八遍，增福得財。若截勃羅得迦枝進火中，一百八遍，大富。若患熱，進紅蓮華鬚於火中，一百八遍，差。若龍作病以龍華鬚進火中，一百八遍，差。

「若有咒師被奪卻悉地者，畫彼尊於金剛手像前室中，以香華供養一日，夜得本驗。若加持華一百八遍，依前供養同上，若遭霜雹雨雪，心念此密言止矣。若加持素嚕但戰曩末，一百八遍，塗目中隱。

「若月蝕加持酥或劍或雄黃復止，又加持一百八遍，貯之憶食，即至。若酥蜜酪油麻油相和，內惹底華。進火中，每日三時，時一百八遍，滿七日，人天夜叉或阿脩羅女，呼名即至。

「若三金杵於山頂加持三十萬遍，持之大威力，若六十萬遍遊四天下，一百萬遍遊於諸天，二百萬遍為持明輪王，六百萬遍進本尊宮。若誦此密言，作諸家事法皆驗。

「復次以應肘量緤畫佛像，處師子座，手作說法相，以觀自在及金剛手為侍者。金剛手通身青色，右持杵，左作問法相。對此像前每日三時，時誦二十一遍，滿六箇月，得成就。

「復次，烏芻瑟麼明王教法，不拘淨穢恆示忿怒相，誦滿三十萬遍，得驗。若進炒稻穀華於火中，一千八遍，王及大臣貴敬。若進芥子於羅惹火中(唐云皂莢)，一千八遍，彼人貴敬。

「若將帥足下土，左手持進火中，一千八遍，大將大帥并軍人貴敬。若鹽塑彼形，左手持刀割進火中，一千八遍，人天貴敬。若粳米末撚彼形，割一百八段，進火中，一切迦那貴敬。

「若胡椒蓽茇末進，寒林火或旃陀羅家火中，一千八遍，囉拏貴敬。若進婦人萎華鬘火中，一千八遍一切迦那貴敬。若加持牛黃或雄黃一千八遍，塗身惡人貴敬，入陣辟兵。

「若制帝前置素嚕但戰曩或牛黃，於阿說他葉上加持一千八遍，塗目中，見者貴敬，所至勝利。若大麥龍華鬚和進火中，一千八遍，丈夫貴敬。

「復次不拘淨穢誦三十萬，烏油麻和酥進火中，一千八遍，得驗。若鹽塑彼形，從右足割進火中，令盡丈夫貴敬。若芥子和其油，進火中一千八遍，國王大臣貴敬。若加持華果或香七遍，贈人貴敬。

「若加持眼藥塗之，見者貴敬。若進苦練葉於火中，一千八遍，烏柘吒曩。若進油麻於火中，一千八遍，尾娜末沙曩。若寒林灰伴水進火中，一千八遍，烏蹉娜曩。若截俱吒迦和油進火中，一千八遍，烏蹉娜曩。

「若水濕衣披之而日中立，持密言，衣乾步沙曩。若自在天王廟中，以手覆石陵加持，明摩囉寧。若於聖金剛手菩薩前持密言，仍彈指勿絕，摩囉寧。若怨敵相向，先誦密言，乃稱吽或頗吒，彼失心或碎首。

「若芥子毒藥及血，進火中一千八遍，烏柘吒曩，或尾娜末沙曩，或烏嗟曩，或小曩或摩囉寧。若安悉香末和黑狗舌為丸，三金鍱裹勃羅得迦木，染木是合子盛之，黑月八日或十四日，金剛像前加持一千八遍，藥有法吒法吒聲，口含藏形壽千歲。

「若於山頂誦十萬遍，復有一切枷鎖及業輪，但稱吽或頗吒皆開止之，亦摧山裂地竭海。若吉祥門首己身血芥子和，進火中，一千八遍，阿修羅女出，執行者手同入其宮。若加持素嚕但戰曩一千八遍，置瓦椀中，以一瓦椀蓋之，進酥於椀上，月復止，塗目，藏形，壽千歲。若誦一萬遍，彼如僮僕，欲令摩囉寧，亦隨意。

「復次密言曰：

曩慕囉怛曩怛囉夜也　唵　嚩日囉俱路馱　摩訶麼攞　訶曩娜訶跛者尾馱望娑也　烏芻瑟麼俱路馱　吽　頗吒　娑嚩訶

「復次畫像法。用應肘量緤，畫大威力明王，通身黑色，露出狗牙，髮黃上衝，忿怒舉身焰起，左持杵右擲羂，黑月八日或十四日布像，以赤華、赤食飲供養，加持雄黃新緤披神線天竺淨行以緤線循環合為繩，麁如三指，名神線絡髆之或木屧杵輪鉞斧劍等類，若焰起，成就持明仙，煙生藏形、變熱，當善行。

「復次大威力明王守護密言曰：

曩慕囉怛曩怛囉夜也　曩慕室戰　拏嚩日囉播拏裔　摩訶藥乞叉細曩跛多裔　怛儞也他　唵　嚩日囉倶嚕馱　摩訶麼攞　訶曩娜訶跛者麼他　尾吉羅拏尾馱望娑也　烏芻瑟麼倶路馱　鈝　鈝　鈝　頗吒　頗吒　頗吒　駁嚩訶

「若以淨器盛牛乳，加持一華，一擲於中，滿二十一遍，成驗。

「復次觀門法。以指拄額想：唵字在中作赤色，次拄心：吽字在中，作青色。後拄足：發吒字在中作潔白色，想己身同本尊。

「誦守護密言二十一遍，隨意至處為界成護持，魔眾不近；欲眠，為之夢想清淨。此三字觀門，亦通諸金剛部念誦時用。」

全佛文化藝術經典系列

大寶伏藏【灌頂法像全集】

蓮師親傳•法藏瑰寶，世界文化寶藏•首度發行！
德格印經院珍藏經版•限量典藏！

本套《大寶伏藏—灌頂法像全集》經由德格印經院的正式授權全球首度公開發行。而《大寶伏藏—灌頂法像全集》之圖版，取自德格印經院珍藏的木雕版所印製。此刻版是由西藏知名的奇畫師—通拉澤旺大師所指導繪製的，不但雕工精緻細膩，法像莊嚴有力，更包含伏藏教法本自具有的傳承深意。

《大寶伏藏—灌頂法像全集》共計一百冊，採用高級義大利進美術紙印製，手工經摺本、精緻裝幀，全套內含：

•三千多幅灌頂法照圖像內容　•各部灌頂系列法照中文譯名

附贈　•精緻手工打造之典藏匣函。

•編碼的「典藏證書」一份與精裝「別冊」一本。

（別冊內容：介紹大寶伏藏的歷史源流、德格印經院歷史、《大寶伏藏—灌頂法像全集》簡介及其目錄。）

全佛文化白話佛經系列

白話華嚴經 全套八冊

國際禪學大師 洪啟嵩語譯　定價NT$5440

八十華嚴史上首部完整現代語譯！

導讀 + 白話語譯 + 註譯 + 原經文

《華嚴經》為大乘佛教經典五大部之一，為毘盧遮那如來於菩提道場始成正覺時，所宣說之廣大圓滿、無盡無礙的內證法門，十方廣大無邊，三世流通不盡，現前了知華嚴正見，即墮入佛數，初發心即成正覺，恭敬奉持、讀誦、供養，功德廣大不可思議！本書是描寫富麗莊嚴的成佛境界，是諸佛最圓滿的展現，也是每一個生命的覺性奮鬥史。內含白話、注釋及原經文，兼具文言之韻味與通暢清晰之白話，引領您深入諸佛智慧大海！

密乘寶海13

《穢積金剛—滅除一切不淨障礙》

作者　洪啟嵩
執行編輯　吳霈媜、莊慕嫺
校對　詹育涵
插畫　明星
封面畫作　洪啟嵩
封面設計　張士勇工作室
出版　全佛文化事業有限公司
訂購專線：(02)2913-2199　傳真專線：(02)2913-3693
發行專線：(02)2219-0898
匯款帳號：3199717004240　合作金庫銀行大坪林分行
戶　名：全佛文化事業有限公司
http://www.buddhall.com
全佛門市：覺性會館・心茶堂／新北市新店區民權路88之3號8樓
門市專線：(02)2219-8189
行銷代理　紅螞蟻圖書有限公司
台北市內湖區舊宗路二段121巷19號（紅螞蟻資訊大樓）
電話：(02)2795-3656　傳真：(02)2795-4100
初　版　二〇〇九年六月
初版三刷　二〇一二年十月
定　價　新台幣二九〇元
ISBN　978-986-6936-40-1(平裝)

Published by BuddhAll Cultural Enterprise Co.,Ltd.

國家圖書館出版品預行編目資料

穢積金剛：滅除一切不淨障礙
洪啟嵩作.-- 初版. --
臺北市：全佛文化, 2009.06
面；　公分. -- (密乘寶海；14)
ISBN 978-986-6936-40-1(平裝)

1.藏傳佛教　2.佛教修持
226.965　　98011390

BuddhAll

BuddhAll.

All is Buddha.

BuddhAll